첫번째펭귄의 선택

※ 선택하고 도전하는 존재로서, '첫번째펭귄'을 고유명사화했음을 밝혀둔다.

첫번째펭귄의 선택

초판 1쇄 인쇄 2013년 4월 20일
초판 1쇄 발행 2013년 4월 30일

지은이 | 김찬호
펴낸이 | 전영화 펴낸곳 | 다연(제406-2012-000061호)
주소 | 경기도 파주시 문발동 535-7 세종출판벤처타운 404호
전화 | 070-8700-8767 팩스 | 031-814-8769
이메일 | dayeonbook@naver.com
꾸민곳 | 미토스
ⓒ 김찬호

ISBN 978-89-92441-34-6 (03320)

첫번째펭귄의

선택

- 선택의 기로에 서 있는 당신을 위한 책 -

김찬호 지음

다연

어땠을까 (내가 그때 널)

어땠을까 (잡았더라면)

어땠을까 (너와 나 지금보다 행복했을까)

어땠을까 (마지막에 널)

어땠을까 (안아줬다면)

어땠을까 (너와 나 지금까지 함께했을까)

　　가수 싸이와 박정현이 함께 부른 '어땠을까'라는 노래의 후렴구다. 헤어진 연인과의 과거 추억을 회상하며 '그때 다른 선택을 했더라면 어땠을까?'라는 질문을 스스로에게 던지고 있는 상황이다.

노래 속 주인공의 마음을 잠깐 상상해보면 가슴 아픈 후회의 감정일 수도, 혹은 막연한 미련일 수도 있겠다는 생각이 든다. 한편으로는 단지 일상 속에서 가볍게 스쳐 지나가는 상념 정도로만 느껴지기도 한다.

그런데 이처럼 꼭 옛사랑의 추억이 아니라도, 우리는 과거 어느 시점에 내가 했던 갖가지 중요한 선택의 순간들을 떠올리며 비슷한 독백을 하곤 한다. 사람에 대한 선택 순간이, 사업이나 진로에 대한 선택 순간이 가슴 한구석을 맴돌며 자꾸만 마음을 흔들어놓는 것이다.

1990년대 중반에 방송되었던 예능 프로그램 〈이휘재의 인생극장〉은 사람들의 이런 심리를 간파하여 큰 인기몰이를 했다. 같은 인물이 동일한 상황에서 각기 다른 선택을 했을 때를 가정하여 두 가지 스토리를 진행시키는 방식이었는데, 시청자들은 이휘재의 연기를 보며 과거 자신이 했던 선택의 순간을 놓고 비슷한 상상을 대입했었다.

"그래, 결심했어!"라는 당시의 유행어가 말해주듯, 우리는 중요한 선택의 순간마다 꽤 비장하고 단호한 결심을 한다. 그러고는 그 선택에 의한 결과와 마주할 때마다 적잖이 아쉬워하고 후회한다. 그래서 아쉬움과 후회를 최소화하고자 우리는 선택의 순간마다 최대한 신중에 또 신중을 기한다. 선택을 빼놓고 우리의 인생을 말하기란 참으로 어렵다는 얘기다.

개인과 조직이 취하는 행동은 결국 선택이 낳은 결과물이다. 특정 정치인을 찍는 투표 행위, 신입사원을 채용하는 과정, 인터넷에 악플을 달거나 누군가를 격려하는 것 등등 나와 내 주변을 이루고 있는 거의 모든 일은 선택이라는 레시피를 거쳐 탄생한 음식들이다.

한마디로 우리 인생은 그 수많은 음식이 펼쳐진 식탁과도 같다. 그래서 선택은 고민의 문제인 동시에 행동의 문제다. 내가 사용하는 레시피에 따라 어떤 음식이 만들어질지 결정되고 그 음식들이 모여 나만의 독특한 식탁이 차려진다. 누구의 식탁은 많은 사람이 초대되어 앉고 싶어 하는 자리가 되지만, 또 다른 누군가의 식탁은 자신만 앉을 수 있는 외로운 자리가 되기도 한다. 그러므로 식탁 위에 올릴 음식을 만들어내기 위해 어떤 레시피, 즉 어떤 선택의 기준들을 사용하는지가 무척 중요하다.

나는 대한민국의 평범한 30대 남자다. 지금 이 책을 들고 있는 당신처럼 나도 평범한 수험생 시절을 겪었고, 평범한 대학생활과 군생활을 거쳐, 남들 다 하는 취업 걱정 속에서 틈틈이 사랑을 나누며 20대를 보냈다. 대학원을 다니다 남들보다 조금 늦게 사회생활을 시작했기에 그만큼 더 조직에서 인정받고자 노력했고, 때론 마음이 맞지 않는 동료와 유치한 신경전을 벌이면서도 어느 순간 좋은 멘토를 만나 의미 있는 30대를 살아올 수 있었다.

그 20여 년의 시간을 거치며 나 역시 당신처럼 크고 작은 수많은 선택을 해야 했다. 아마도 눈앞에 닥친 나의 40대는 그렇게 해서 차려진 꽤 화려한 식탁이 될 것이라 기대하고 있다.

나는 이 책을 통해 특히 30대를 전후한, 인생의 허리 즈음을 살아가고 있을 나 같은 평범한 이웃들에게 "우리도 한번 멋진 선택을 하며 살아보자!"는 제안을 하고 싶었다. 나는, 어른이 다 되어서야 비로소 나의 진짜 꿈이 무엇인지 자문할지도 모를 당신과, 생각이 다른 타인과 갈등하며 속상해할지도 모를 당신과, 어쩌면 몇 번의 실패로 지금 움츠러들어 있을지 모를 당신과 함께 남은 인생에서 더 좋은 선택을 해보고 싶었다. 과거의 선택들이 현재의 나를 만들어놓은 것처럼 우리 앞에는 과거보다 훨씬 더 중요한 선택의 순간들이 놓여 있기에 지금쯤 행복한 선택을 위한 레시피를 점검해보는 일은 그래서 큰 의미가 있다.

2011년 가을, 멀쩡히 잘 다니던 직장을 과감히 걸어나온 덕분에 나는 프로 강사의 꿈을 이룰 수 있었다. 교육 담당자로 회사에 몸담았던 5년간, 그리고 독립 후 1년이 넘는 시간 동안, 강의 현장에서 내가 줄곧 공유했던 화두는 바로 '선택'이다.

'무엇을 선택할 것인가?'

'어떻게 다른 사람들의 선택을 받을 것인가?'

이 질문들은 늘 내 머릿속에서 떠나지 않는 인생의 문제였다.

처음엔 선배 강사들마저도 선택을 주제로 한 내 강의의 의미를 헷갈려했다. 어떤 이는 '협상' 개념으로 생각했고, 또 어떤 이는 '설득'과 무엇이 다르냐고 묻기도 했으며, 또 다른 누군가는 '의사결정' 내지 요즘 유행하는 '꿈' 언저리 즈음으로 이해했다.

선택이라는 단어가 그리 어려운 말이 아님에도, 그리고

실제로 하루에도 수많은 선택을 하며 살아가고 있음에도 우리는 선택이라는 주제 앞에서 난감한 표정을 짓는다. 그러면서도 지금 당신은 이 책을 읽기로 하는 또 한 번의 불확실한 선택을 감행했다. 선택은 그렇게 지금 내가 행동하고 있는 모든 것들의 동기가 된다. '내가 그러하기를' 선택한 것이다.

앞서 언급했듯이 우리가 조우하게 되는 선택은 크게 두 가지 관점에서 살펴볼 수 있다. 하나는 '선택하는 것'이고 또 다른 하나는 '선택받는 것'이다.

이 책에서 나는 개인적 체험에 의거한 두 가지 관점의 선택 이야기와 더불어 행동경제학, 신경과학, 심리학 등에서 말하는 '선택의 지혜'들을 쉽게 풀어 설명했다. 개인으로서의 내가, 조직 일원으로서의 내가, 그리고 사회 구성원으로서의 내가 어떤 선택들을 '선택해왔는지'를 소개했고, 함께 살아가야 할 우리 모두가 선택하기를 '바라는 선택들'도 간절한 마음으로 제안해보았다.

아무쪼록 이 책 『첫번째펭귄의 선택』을 통해 선택의 기쁨을 나와 함께 나눌 수 있기를 바란다. 그래서 당신의 더 멋진 선택을 꿈꿀 수 있는 특별한 계기가 되기를 진심으로 소망한다.

　남은 지면을 빌려 평소 감사의 마음을 전하지 못했던 이들에게 인사 말씀을 남기고자 한다.

　먼저 아버지와 어머니 그리고 장인, 장모께 감사의 말씀을 올린다. 부모님들의 기도와 사랑 덕분에 이 혼란한 세상 속에서 건강한 선택들을 하며 살아올 수 있었다. 진심으로 사랑하고 존경한다는 말씀을 드린다.

　잘난 것 하나 없이 언제나 서투르기만 했던 사람을 예쁘게 봐주고 많은 기회를 허락해준 교보생명, 라이나생명, LIG손해보험의 옛 동료들께도 감사의 마음을 전한다. 그분들의 가르침과 배려가 없었다면 '첫번째펭귄 김찬호'는 존재하지 못했을 것이다. 지난날 베풀어주신 은혜, 진심으로 감사드린다.

　출판사에 원고를 보내기 전, 미리 시간을 내어 글을 읽어주고 그에 대한 의견을 보내준 소중한 'Preview Group' 열한 분, 고재혁, 공민석, 권정희, 박일남, 백재호, 유소희, 이나현, 전재룡, 주은정, 최경하, 최형경 님께도 감사의 말씀을 전한다. 여러분의 따뜻한 격려와 냉철한 조언 덕분에 『첫번째펭귄의 선택』이 세상에 나올 수 있었다. 진심으로 감사 드린다.

　　마지막으로 내 평생의 짝꿍이자 나의 영원한 영부인, 이 아영 씨. 그녀가 나를 선택해주었기에 나 또한 그녀와 함께 살아가는 행복을 선택할 수 있었다. 나의 남다른 선택 앞에서도 힘든 내색 없이 응원하며 기다려준 그녀에게 늘 고맙고 미안하다는 말을 전한다. 아영 씨, 변함없이 사랑합니다.

2013년 4월
김찬호

CHAPTER 3
멈추지 않는 꿈

CHAPTER 4
함께 살아가기를 선택하다

CHAPTER 5
지금 우리는 미래를 산다

PART 2
어떻게 선택받을 것인가?

CHAPTER 6
머릿속에 불을 켜면 고민하지 않는다

CHAPTER 7
세상이 나를 선택하게 하라

CHAPTER 8

일터에서 선택받는 사람은 따로 있다

CHAPTER 9

나를 닮은 사랑만 찾아온다

CHAPTER 10

더 멋진 선택을 기다리며

PART 1
무엇을 선택할 것인가?

CHAPTER 1

첫번째펭귄을
닮아가다

선택하고 도전하는 존재, 첫번째펭귄

첫번째펭귄의 선택 1
우리 인생은 크고 작은 선택들의 연속이다. 첫번째펭귄이란 바로 그런 순간마다 주도적인 선택을 하며 현명한 도전을 이어가는 존재를 말한다.

빵이 담긴 접시 열 개가 차례로 당신 앞을 지나갈 예정이다. 그중에서 당신은 오직 접시 하나만 선택할 수 있다. 접시에 어떤 빵이 담겨 있는지는 전혀 알 수 없으며, 당연히 지나간 빵은 다시 돌아오지 않는다. 당신이라면 어떻게 가장 맛있는 빵을 선택하겠는가?

물론 여기에 정답은 없다. 사람마다 선택의 기준과 방법이 다를 테니, 다양한 답이 나올 것이다. 소심하고 우유부단한 사람은 마지막 열 번째 빵까지 모두 기를 쓰고 확인하다가 궁지에 몰린 선택을 할 수도 있고, 대범하고 단도직입적인 사람은 배만 부르면 된다는 생각에 첫 번째 접시의 빵을 덥석 잡을 수도 있다. 좋아하는 크림빵일 듯싶어 선택했더니 팥빵이라서 실망할 수도 있고, 운 나쁘게도 상한 빵을 골라 먹고 지독하게 드러누울 수도 있다.

테이블에서 그저 빵 하나 선택하는 문제일 뿐인데도 우리는 후회 없는 최선의 선택을 하기 위해 머리를 굴린다. 하물며 인생에서 마주치는 그 복잡하고 중대한 선택의 순간들이야 오죽할까.

사람은 살아가면서 참 많은 선택을 한다. 시시콜콜하게는 점심때 짜장면을 먹을지 설렁탕을 먹을지부터 진중하게는 이 사람과 결혼하는 게 맞을지 다른 사람을 더 만나보는 게 좋을지에 이르기까지, 인생 자체가 선택의 연속이다. 왼쪽 문으로 나갈지 오른쪽 문으로 나갈지 같은 무의식적인 선택들까지 모두 합하면 한 사람이 하루에 하는 선택은 평균 150회에 이른다는 연구 결과도 있으니, 그야말로 우리는 선택의 퍼즐을 평생 맞춰가며 살아가는 것이다.

그런데 선택은 결정한 그 순간으로 끝나지 않는다. 한 번 선택을 하고 나면, 과연 내가 선택을 잘한 것인지 끊임없이 의심하며 확신을 얻으려는 게 사람 마음이다. 그래서 우리는 선택하는 순간만큼이나 선택한 후에도 한동안 그 선택의 족쇄에 얽매인다. 특히 행복과 성공을 위해 일생일대의 중요한 결심을 할라치면 몇 날 며칠 밤을 새워가며 선택의 고민을 하는 것이 다반사다.

1년여 전, 내가 강사의 길을 가기 위해 퇴사할 때가 바로 그랬다. 외국계 보험사의 교육 담당자로 일하다가 국내 보험사 교육 담당자로 자리를 옮긴 지 몇 개월 안 됐을 시점이었다. 이직한 곳은 규모가 큰 굴지의 회사였는데, 내 희망대로 강의 기회도 많고 처우 역시 훌륭했다. 하지만 어느 날 프로 강사의 길을 확신하게 되자 한 번 떠나간 마음을 다잡고 회사가 시키는 일만 하며 앉아 있을 수 없었다. 그러고 있기에는 이미 내 안에 붙은 불길이 너무 크게 번져 있었다. 미안함 때문에 미적거리다가 더 깊이 발을 담근 후 불쑥 나오게 되면 그건 나 개인뿐만 아니라 조직에게도 큰 부담을 주는 일이었기에 결국 일도양단一刀兩斷의 선택을 했다. 그렇게 독립해서 만든 브랜드가 바로 '첫번째펭귄'이다.

남극의 펭귄들은 깊은 바다에 뛰어들기 전 무리지어 한참을 망설인다. 바닷속에는 펭귄을 노리는 바다표범 같은 무서운 포식자들이 진을 치고 있기 때문이다. 자칫 잘못하다가는 바다에 뛰어들자마자 천적들의 먹잇감으로 생을 마감할 수도 있기 때문이다.

그렇게 서로 눈치만 보며 망설이다가 어느 펭귄 한 마리가 힘차게 바다에 뛰어들라치면 그제야 나머지 펭귄들도 뒤따라 다이빙을 한다. 그래서 서구에서는 용감한 사람을 일컬어 첫 번째 펭귄The First Penguin이라는 표현을 쓰기도 한다.

물론 내가 단지 남들보다 먼저 뛰어드는 용감함을 강조하기 위해서 '첫번째펭귄'이라는 브랜드를 사용한 것은 아니다. '첫번째펭귄'처럼 자기 인생을 주도적으로 선택하고 꿈을 향해 현명한 도전을 이어 가자는 의미를 담아내고 싶은 게 진짜 이유다. 여기서는 첫 번째로 뛰어들었다는 사실이 중요한 게 아니라 불확실해 보이는 바다에 뛰어들어 결국 원하는 바를 이루고 돌아온 '첫번째펭귄'의 지혜와 열정을 닮아가고자 했던 게 키포인트다. 그래서 '첫번째펭귄'은 나의 브랜드이기에 앞서 내 삶의 방향이고 내 선택의 기준이다.

이러한 '첫번째펭귄의 선택'에는 세 가지 중요한 특징이 있다. 이를 지금부터 천천히 살펴보자.

위험을 감지하다

첫번째펭귄의 선택 2

오늘의 안정이 내일의 안정을 보장해주지 않는다. 위기는 생각보다 빨리 닥칠 수 있다. 따라서 지금 위험을 감수하지 않는 것이야말로 진짜 위험한 선택이 될 수 있다.

'첫번째펭귄의 선택'이 갖는 첫 번째 특징은 자신에게 다가오는 '위험'을 감지했다는 것이다.

남극의 펭귄들이 차디찬 바다에 뛰어드는 가장 큰 이유는 먹이를 구하기 위해서다. 펭귄 수컷과 암컷은 새끼를 교대로 돌보면서 바다에 나가 먹이를 먹는다. 먹고 남은 먹이는 '펭귄밀크'라는 형태로 만들어 몸속에 저장하는데, 바다에서 돌아오면 그것을 굶주린 새끼에게 먹인다. 이렇듯 바다는 펭귄에게 없어서는 안 될 생계의 장이다. 이는 바꿔 말해 펭귄이 육지에만 안주하고 있으면 온 가족이 다 굶어죽게 된다는 뜻이다. 바다에는 비록 천적이라는 위험이 도사리고 있지만, 안락한 보금자리에 가만히 있는 건 더 위험하다는 사실을 본능적으로 알기에 첫번째펭귄은 바다에 뛰어드는 '덜 위험한' 선택을 감행한다.

회사가 내게 부여한 교육 업무를 통해 나는 나 스스로도 미처 몰랐던 업무 역량과 일의 또 다른 재미를 깨달을 수 있었다. 그전에 수행했던 영업 업무도 내 열정을 자극하고 세상과 사람을 배우는 재미를 가져다주었지만, 그렇다고 남들보다 뛰어난 실적을 거두거나 미래에 대한 비전을 발견한 것은 아니었다.

그런데 교육 담당자로서의 일상은 매 순간이 유쾌한 발견의 연속이었다. 대중에게 의미 있는 메시지를 전달하는 일은 나를 끊임없이 흥분시켰다. 그러다 보니 업무 능력도 빠르게 향상되었고, 그만큼 소화할 수 있는 영역도 넓어졌다. 주변 사람들의 긍정적인 피드백이 이어지면서 어느덧 회사뿐만 아니라 동종 업계에서도 꽤 인정받는 교육 담당자로 각인될 수 있었다. 이런 성과와 평판 덕분에 국내 대형 손해보험사로 이직하는 기회를 얻었는데, 아이러니하게도 이때의 이직 선택은 나 자신을 더 넓은 바다로 뛰어들게 만드는 계기가 되었다.

새 회사는 전 직장보다 여러 면에서 풍족하고 안정적인 곳이었다. 하지만 회사 규모만 달라졌을 뿐 내가 있는 자리의 크기는 오히려 좁아졌다는 사실을 이내 깨달았다. 지금 당장 늘어난 강의 기회와 새로운 업무가 나를 성장시키는 듯 보였지만, 그것은 단지 새로운 환경이 주는 잠깐의 신선함일 뿐이었다. 이미 최고의 성과를 내며 모든 시스템을 확고히 구축한 조직에서 기존에 없던 창의적인 교육을 새롭게 제안하고 개발할 수 있는 여지는 없어 보였다. 일상적이고 반복적인 업무가 많다 보니 예전처럼 교육개발을 위해 사무실에서 독서나 인터넷 서핑으로 내 안에 콘텐츠를 채워가는 일은 상상할 수도 없었다. 그렇다고 나 홀로 칼퇴근하여 역량을 개발할 수 있는 분위기는 더더욱 아니었다. 공급 없이 소비만 이루어지는 교육 담당자의 생명은 아무래도 짧아 보였다.

나름의 큰 포부를 안고 넓은 초원으로 나오긴 했는데, 정작 날개를 펴고 날 수 있는 하늘이 보이지 않았던 것이다. 그쯤 되자 '이대로 나이 마흔이 넘어가면 아예 날지 못하는 새가 될 수도 있겠구나' 하는 위기감이 내 마음을 흔들기 시작했다.

대기업이라는 타이틀과 높은 연봉이 나를 보호해주고 있었고 훗날 임원 직함까지 달아 명예로운 은퇴까지 상상할 수 있는 곳이었지만, 미안하게도 나의 꿈은 그보다 크고 자유로웠다. 아예 처음부터 느끼지 못했다면 모를까, 나를 둘러싼 안락한 환경을 야금야금 갉아먹으며 서서히 내게 다가오고 있는 위험을 그대로 맞이할 수는 없었다. 지금이야 젊고 일을 많이 하니 여러 곳에서 불러주겠지만, 이런 식으로 조금만 더 지나면 내 삶의 선택권이 아예 다른 사람들에게 넘어갈 수 있겠다는 생각이 들었다. 절대로 그렇게 되어서는 안 될 것이었다.

커져가는 위험을 모른 척할 수 없게 되자, 나는 결국 처음 이직할 때 생각했던 진짜 넓은 바다를 찾아 뛰어들기로 결심했다. 나로서는 첫번째펭귄처럼 '덜 위험한' 미래를 선택한 것이다. 그리고 2년이 다 되어가는 지금, 다행히 그때 내가 선택했던 접시에 가장 맛있는 빵이 들어 있었다는 사실을 확인하고 있는 중이다.

누구나 때로는 막막한 길을 선택해야 한다. 산 너머에 무엇이 있는지도 모른 채 그 산을 넘어야 하고, 터널 끄트머리에 어떤 길이 있는지도 모른 채 어두운 터널을 홀로 걸어가야 한다. 그럴 때마다 두려움이라는 그림자가 우리 목덜미에 철썩 달라붙는다.

첫번째펭귄은 분명 용감한 존재다. 하지만 나는 첫번째펭귄에게 두려움이 전혀 없었다고 생각하지 않는다. 지금의 선택 때문에 죽을 수도 있는데 왜 두렵지 않겠는가? 지금의 선택 때문에 다시는 가족들을 못 볼 수도 있는데 왜 주저하지 않겠는가? 하지만 그 두려움이 오히려 선택의 에너지로 사용될 수 있었던 이유는 현재의 자리가 더 두려운 결과를 낳을 수도 있다는 위험성을 첫번째펭귄은 직감적으로 알았기 때문이다. 그렇게 되자 바다는 더 이상 두려운 미지의 공간이 아닌, 기회의 세계로 다가왔다.

절박한 두려움은 발을 떼어 2루로 질주하게 만드는 용기를 끌어낸다. 지금 여기서 내가 발을 떼지 않으면 나뿐만 아니라 우리 팀 모두가 죽을 수 있음을 알기 때문이다. 늘 확실한 길로만 가려고 한다면, 우리가 기대할 수 있는 성공의 최대치 역시 딱 지금 보이는 수준이 한계일 것이다. 뜻밖의 기회란, 생각하지 못한 길을 걸어가는 사람에게만 주어지는 선물이다. 위험을 감지하고 눈을 크게 뜨면 뜰수록 두려움보다 더 큰 용기가 생겨날 것이다. 그게 곧 더 나은 삶으로 가는 추동력이 될 것이다.

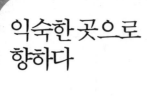

익숙한 곳으로
향하다

현실에서의 도전은 마냥 찬란하기만 한 밤하늘의 별이 아니다. 내가 발을 딛고 설
수 있는 그곳에서 꾸는 꿈이야말로 빛나는 도전을 이끌어낸다.

'첫번째펭귄의 선택'이 갖는 두 번째 특징은 '익숙한 곳'으로 향했
다는 것이다.

일단 큰마음 먹고 보금자리를 떠나기는 했는데, 그렇다고 무작정
아무 곳이나 간 것이 아니라 선택의 방향을 잘 잡아서 갔다는 얘기
다. 여기서 익숙한 곳이란 능력, 환경, 시간의 요소가 어우러져 결정
된 영역이다.

첫번째펭귄에게는 기본적으로 바다에서 자유자재로 헤엄치며 먹
이를 잡아먹을 수 있는 '능력'이 있었다. 앞서 말했다시피 펭귄이 바
다에 뛰어드는 가장 중요한 이유는 먹이를 구하기 위해서다. 만약
첫번째펭귄이 수영도 못하면서 물고기를 잡아먹겠다고 바다에 뛰어

든다면 그것은 무모한 도전에 불과하다.

우리 주변에는 이와 비슷한 선택을 하는 사람들이 종종 있다. 커피에 대해 아무것도 모르는 사람이 매장부터 사들이고, 음식이라고는 라면밖에 못 끓이는 사람이 목 좋은 자리만 찾아 동분서주한다. 하지만 상식적으로 내가 가진 능력을 제대로 살릴 수 없는 영역이라면 성공보다는 실패의 확률이 더 높다. 사업하려는 사람이 해당 아이템의 정확한 지식과 관련 경험 없이 다짜고짜 일을 벌이는 것은 이민을 고려하는 사람이 가고자 하는 나라에 대한 정확한 정보 숙지도 없이 짐부터 싸는 것과 같다. 이는 실패하려고 작정한 것이나 다름없다.

첫번째펭귄은 자신을 둘러싼 '환경'도 무시하지 않았다. 눈꺼풀은 바닷속에서도 눈을 뜰 수 있게 만들어져 먹이를 찾아내는 데 문제가 없고, 몸에는 방수가 되는 두툼한 깃털들이 있어 차가운 바다에 뛰어들어도 얼어 죽지 않는다. 첫번째펭귄의 몸 구조, 그 환경 자체가 바다에 적합했다는 얘기다. 날개 기능이 퇴화된 펭귄이 새를 잡아먹겠다며 절벽에서 뛰어내렸다면 누구도 그것을 용감한 첫번째펭귄으로 기억하지 않았을 것이다.

당장 집에 생활비를 가져다주어야 하는 가장이 공부를 다시 하겠다며 대책 없이 사표부터 내던지거나, 자기생활을 만끽하며 살기를 바라는 구직자가 야근으로 악명 높은 유명 회사에 지원하는 것 등도 자신의 환경을 무시한 채 행복하지 못한 길에 들어서려는 잘못된 선택에 불과하다. 남들 돈 벌었다는 사업이, 그러나 이제 사양길에 접어들었음에도 그런 환경을 면밀히 검토하지 않고 무작정 도전하는 창업자 역시 원하는 먹이를 구하기도 전에 차가운 바다에 빠져죽기로 작정한 사람이나 다름없다.

첫번째펭귄에게 바다가 익숙한 곳이 될 수 있었던 마지막 이유는 자기 집에서 바다까지의 거리(시간)가 적당했기 때문이다. 먹이를 먹고 한 달 안에 돌아와야 하는데, 먹이가 있는 그곳까지 가는 데만 한 달 이상 걸릴 것으로 예상된다면 마땅히 다른 곳을 찾아봐야 하는 것이다.

3년 안에 결혼 자금을 마련해야 할 사람이 10년짜리 연금에 모든 돈을 쏟아 붓고 있다면, 이 사람에게 결혼은 10년 뒤에나 생각해볼 문제가 된다. 2년 안에 공무원이 되려고 했던 사람이 5년째 낙방하고도 포기를 생각하지 않는다는 건 이미 다른 곳에 있던 먹이마저 놓칠 위험을 끌어안고 있는 것이다. 올림픽 금메달을 목표로 서른이 다 된 평범한 직장인이 오늘 처음 유도를 배우기 시작하는 것 역시 꿈과 열정에만 눈이 멀어 주어진 시간을 고려하지 않은 위험한 선택이 될 수 있다. 그래서 모든 도전은 그 도전이 허락된 시간을 정확히 예상하고 뛰어드는 것이 무척 중요하다.

요컨대 첫번째펭귄은 현실적으로 자신이 이룰 수 있을 만한 꿈을 향해 나아갔다. 물론 "세상에 이루지 못할 꿈은 없다"고 말하는 사람도 있겠지만, 도전의 성공 확률을 높일 수 있는 꿈은 분명히 따로 있다. 나의 경우, 내가 가진 강의 능력과 한동안 버틸 수 있는 경제적 환경 그리고 예상되는 시간이 잘 맞아떨어졌기에 꿈을 꾸며 도전할 용기가 생겨났던 것이다.

꿈에 관한 메시지가 차고 넘치는 시대다. 워낙 탈출구가 없는 팍

팍한 시대를 살아가다 보니 자신만의 꿈으로 새 희망을 찾아보려는 사람들도 많고, 실제로 엄청난 꿈을 이루어 우리에게 귀감이 되는 사람들도 꽤 있다.

하지만 꿈 이야기를 하는 사람들 중에는 다소 무모하고 추상적인 꿈을 부추기는 이들이 더러 있다. 꿈꾸고 도전한다는 것은 흘러가는 뜬구름을 잡는 것이 아니다. 밤하늘의 별을 따오는 것도 아니다. 그런데 이들은 하늘을 날 수도 없으면서 잠자리채부터 들려고 한다. 물론 오해는 하지 않았으면 좋겠다. 나는 그런 꿈들도 똑같은 크기의 가치가 있다고 생각하니까. 그리고 실제로 뜬구름을 잡아내고 별을 따오는 사람들이 우리 주변에는 간혹 있으니까. 다만 기왕에 꾸는 꿈, 기왕에 하는 도전, 기왕이면 멋지게 성공할 수 있으면 좋지 않겠느냐 이 말이다. 그러자면 자신이 가진 능력, 환경, 시간을 정확히 분석하여 차가운 바닷물에 빠져 허무하게 익사하는 일은 없게 해야 한다.

꿈을 키워간다는 것은 '현실'이라는 기초 위에 '땀'이라는 기둥을 세우고 '인내'라는 지붕을 덮어씌우는 일이다. 아무리 많은 땀을 흘리고 인내의 시간을 보낼지라도 애당초 그 집이 현실이라는 반석 위에 세워져 있지 않으면 그 땀과 인내마저 악몽으로 남을 수 있다는 사실을 명심해야 한다.

무엇보다 남다른 꿈을 이룬 사람일수록 자신의 영광만큼이나 고난에 대한 기억을 함께 이야기함으로써 행여 가시밭길에 대한 각오 없이 철없는 도전을 이어가는 사람들이 나오지 않게끔 좀 더 책임 있는 조언을 해야 할 것이다.

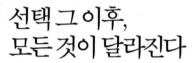

선택 그 이후,
모든 것이 달라진다

첫번째펭귄의 선택 4

선택을 했다는 것은 단지 출발을 알리는 신호일 뿐이다. 이후 어떻게 반응하고 뛰어드느냐에 따라 선택의 운명은 완전히 달라진다.

'첫번째펭귄의 선택'이 갖는 세 번째 특징은 선택의 순간이 아닌, '선택 그 이후'의 시간에 목숨을 걸었다는 것이다.

첫번째펭귄은 두려움을 무릅쓰고 뛰어든 바다에서 자신의 선택이 올바른 선택이 될 수 있도록 최선을 다해 헤엄쳤고, 마침내 먹이를 먹고 목표했던 자리에 되돌아와야 하는 여정을 성공적으로 마칠 수 있었다. 첫번째펭귄이 만약 도전하는 선택 자체에만 아름다운 의미를 두었다면, 그래서 힘겹게 뛰어든 바다에서 한가로이 수영만 즐기거나 두려움을 극복하지 못한 채 앞으로 나아가지 못했다면 분명 첫번째로 바다표범의 제물이 됐을 것이다.

오늘도 많은 사람이 저마다의 선택지를 앞에 두고 밤을 지새울 것이다. 진로, 결혼, 사업, 가족, 인간관계 등 다양한 문제의 선택지들이 하루 종일, 혹은 몇 달 또는 몇 년째 남모를 고민을 던져주고 있을지도 모르겠다. 그만큼 사람들은 후회 없는 선택을 하기 위해 많은 시간을 소비하며 정성을 들인다.

하지만 어떤가? 지난날들을 되돌아보자. 올바른 선택과 그릇된 선택이 판가름 나는 시점은 '선택의 순간'보다 '선택 그 이후'인 경우가 훨씬 더 많지 않았는가?

대학에 들어갈 때 어떤 전공을 선택하는 것이 날 위한 길인지 한참 고민한다. 그렇게 고심의 시간을 거쳐 선택하지만 정작 대학에 들어가고 나서도 적성과 비전을 놓고 비슷한 갈등을 또 이어간다. 이 사람과 결혼하는 것이 맞는지 수없이 고민한 끝에 마침내 결혼을 선택하지만 살다 보면 똑같은 고민을 또 하기도 한다. 선택이 어떤 결과를 만들어낼지는 시간이 지나봐야 알 수 있다. 그래서 선택의 순간보다 중요한 것은 언제나 선택 그 이후다.

사람들은 종종 이 점을 망각하고 선택의 순간에만 모든 에너지를 쏟아버린다. 선택함으로써 이제 첫 발을 뗀 것일 뿐인데도 이미 큰 산 하나를 넘었다는 생각에 당장 긴장의 끈을 놓아버린다. 선택이라는 행위 자체에 너무 진을 빼버린 탓도 있겠지만, 그보다는 '좋은 선택'이 '좋은 결과'를 만들어낼 것이라는 막연한 믿음 때문에 더 그러는 것 같다.

하지만 이는 대단히 위험한 착각이다. 마찬가지로 '그릇된 선택'을 했다고 여겨지는 상황 속에서 일찌감치 포기를 선언하는 모습 역시 바람직하지 않다. 아직 오지 않은 그 시간 동안 모든 것이 바뀔 수도 있기 때문이다.

　이런 인생 스토리가 있다. 첫아이가 딸이라며 분노했던 한 아버지가 술에 취한 어느 날 그 신생아를 바닥에 집어던졌다. 그날 이후, 그 아이는 평생 척추장애를 안고 남들보다 더 험난한 세상을 살아가야 했다. 아버지의 자살과 정신질환을 앓던 어머니의 모진 학대를 견뎌가며 아이는 초등학교만 겨우 마칠 수 있었다. 아이는 불과 열네 살 때부터 남의 집 가정부 일을 하며 부모를 대신해 동생 넷을 키워야 했다. 그렇게 갖가지 삶의 역경을 이겨낸 끝에 아이는 전 세계를 누비며 활약하는 국제사회복지사가 되었다. 이것은 작은 거인 김해영 씨의 어린 시절 이야기다.

　순전히 부모의 선택에 의해 실패한 인생을 살 수도 있었지만, 그녀는 그 선택 이후의 삶을 되찾기 위해 꿈을 꾸며 희망의 끈을 놓지 않았다. 그녀는 전국기능대회와 국제장애인기능대회에서 우수한 성적을 거두며 자신의 가능성을 발견해 나아갔다. 고입 검정고시와 대입 검정고시마저 통과한 후 그녀는 아프리카 대륙에서 꿈 없는 아이들을 일으켜 세우는 인생살이를 선택한다. 이후 미국 나약대학교와 컬럼비아대학교 대학원을 거쳐 지금은 누구보다도 넓은 세상을 오가며 위대한 삶을 살아가고 있다.

　언뜻 보면 모든 것을 잃은 듯한 선택 앞에서 그녀는 자신 앞에 놓인 미래를 포기하지 않고 모두가 예상했던 선택의 결과를 바꾸어놓았다. 그녀는 자신의 저서 『청춘아, 가슴 뛰는 일을 찾아라』에서 이렇게 말한다.

　'기적은 살아가는 과정에서 만들어지는 것이지, 어떤 결과가 아

닙니다.'

다시 말하지만 선택의 순간에 그 즉시 옳은 선택과 그릇된 선택이 판가름 나는 경우는 생각보다 많지 않다. 김해영 씨의 고백대로 우리 인생은 선택의 결과로만 이루어진다기보다는 그 이후 삶의 과정을 통해 만들어지는 것에 따라 결정되는 경우가 훨씬 더 많다. 선택의 주체가 심사숙고해서 내린 그 선택이 성공적인 선택으로 빚어질수 있도록 선택 이후의 시간을 어떻게 받아들이고 관리해 나아가느냐가 훨씬 더 많은 것을 바꾸어놓을 수 있다는 얘기다.

부모가 선택해준 학과에 억지로 들어갔을지라도 쉼 없이 자신과 싸우며 새로운 미래를 개척해가는 학생이 있는가 하면, 본인이 선택한 학과에서 대학생활 내내 의미 없이 허송세월만 보내는 청춘들도 많다. 서로 조금씩 맞지 않는 사람끼리 만나 결혼했으나 존중하고 맞춰가며 행복한 시간을 보내는 부부도 있고, 좋아서 죽고 못 살던 커플이 결혼 후 원수지간이 되어 파탄을 맞이하는 부부도 있다. 대통령 후보자 시절에 자신을 지지하지 않는 국민들이 많았더라도 대통령이 된 후 어떠한 정치를 해나가느냐에 따라 얼마든지 성공적인 대통령이 될 수 있음은 물론이다. 모든 것이 선택 그 이후를 어떻게 보내느냐에 따라 선택의 운명도 달라지는 것이다.

선택의 순간은 여전히 중요하다. 때로는 정말 그 선택 하나에 인생을 송두리째 걸어야 할 상황도 있다. 하지만 그 순간도 지나고 보면 또 어떻게든 살길이 나온다는 것을 깨닫는 순간이 온다. 그래서 진심으로 내가 내린 선택이 성공적인 선택으로 남기를 바란다면, 처음 선택할 때의 그 열정과 진지함으로 이른바 '선택관리'를 해나가야 한다. 그래야 성공 확률도 높아진다.

　남극의 첫번째펭귄처럼 꼭 일순위로 뛰어드는 게 중요한 것은 아니다. 오히려 섣부른 판단보다는 '생존확률'을 높이는 도전이 우리에겐 더 중요할지도 모른다. 다가오는 위험을 기회로 만들어 선택하고, 자신이 이룰 수 있는 꿈을 향해 몸을 던진 후, 그 꿈의 성공을 바라보며 죽을힘을 다해 헤엄치다 보면 살아서 돌아올 확률도 그만큼 높아질 것이다.

　이것이 바로 첫번째펭귄의 선택이다.

CHAPTER 2

하고 싶은 일,
할 수 있는 일,
잘하는 일

하고 싶은 것을 잘할 수 있다면 좋겠지만

첫번째펭귄의 선택 5
열심히 살기만 한다고 행복한 것은 아니다. 어떤 이는 하고 싶은 일을 아예 하지 못한다. 어떤 이는 하고 싶은 일을 잘하지 못한다. 그래서 아쉬움이 남게 되는 것 이다.

하고 싶은 일, 할 수 있는 일, 잘하는 일이 있다. 이 중에서 한 가지만 선택하라면 당신은 어떤 일을 선택할 것인가? 생각해볼수록 어려운 문제다.

몇 해 전부터 가수를 뽑는 오디션 프로그램이 시청자들의 눈과 귀를 사로잡고 있다. 노래 좀 한다는 사람들이 나와 평소 자신이 즐겨 부르던 곡을 필살기 삼아 심사위원들 앞에서 열창한다. 어떤 참가자는 프로 가수도 감동시킬 만한 놀라운 실력으로, 어떤 참가자는 약간 모자란 실력임에도 가능성과 끼로 심사위원들에게 선택받는다.

그런가 하면 심사위원은 물론 시청자까지 안타깝게 만드는 참가자들도 있다. 그들의 노래는 "아이고!" 하는 탄식과 함께 '저건 아닌데……' 하는 민망한 표정을 유발하는데, 시청자 입장에서 봐도 가수의 길을 가겠다는 그들의 선택은 '영 아니올시다'이다. 연습만으로 해결될 문제가 아니라는 것을 지켜보는 사람들은 다 아는데도 본인만큼은 평생의 꿈이라며 '무데뽀 정신'으로 불나방처럼 달려든다. 그 패기 하나는 가상하지만, 훗날 그 꿈의 크기만큼 상처를 받진 않을까 염려된다. 가수가 되고자 하는 그 간절한 마음을 모르는 바는 아니지만, 아쉽게도 신은 그에 걸맞은 음악적 재능을 허락하지 않았으니 어쩌나 싶다.

말이 나온 김에 오디션 프로그램 이야기를 하나 더 해볼까 한다. 가수가 되기 위해 오디션에 뛰어든 참가자 대부분은 10~20대의 젊은 친구들이다. 그러다 보니 일반 직장에서 한창 막내 노릇을 할 법한 30대 초반의 참가자가 나올라치면 그는 참가자들 사이에서 '큰형님'으로 불린다.

실제로 한 오디션 프로그램에 30대 중반을 훌쩍 넘긴 진짜 큰형님 뻘의 참가자가 나왔다. 그의 노래 실력은 깜짝 놀랄 만했는데, 그보다 더 놀라운 것은 가수의 꿈을 이루고자 다니던 직장을 과감히 그만둔 그의 처절한 사연이었다. 어려운 가정 형편 때문에 일찌감치 돈을 벌어야 했던 그는 닥치는 대로 일하며 젊은 날을 보냈지만, 단 한순간도 가수가 되겠다는 꿈을 놓지 않았다고 한다. 그런 이야기가 노래와 오버랩되면서 더 큰 감동을 이끌어냈다.

과연 꿈을 이루기 위해 생업을 포기하는 게 맞느냐 하는 것에 대해선 사람마다 의견이 다를 것이므로 일단 그 문제는 접어두자. 다만, 여기서 주목해야 하는 것은 현실에 이끌려 평생 '할 수 있는 일

(상황적으로 할 수밖에 없는 일)'만 바라보고 달려온 사람이 결국 그 안에서는 궁극적인 행복을 찾지 못했다는 점이다.

그 일이 본인에게 경제적 안정감과 사회적 지위를 줄지는 몰라도 의무감으로 어쩔 수 없이 하는 일은 훗날 많은 아쉬움을 남길 수 있다. 물론 경제적 안정감이나 사회적 지위 같은 결과들이 자신과 가족에게는 충분히 가치 있는 행복을 보장해줄 것이다. 그러나 그런 면류관은 진정한 꿈에 대한 아쉬움을 애써 감추게 하고 마음속 깊은 곳의 열정을 죽이는 도구가 될 뿐인지도 모르겠다.

사람들은 대개 '하고 싶은 일'과 '할 수 있는 일' 중 하나를 선택해서 살아간다. '잘하는 일'을 찾거나 만들기 위해서는 대체로 긴 시간이 필요한 데 반하여 '하고 싶은 일'과 '할 수 있는 일'은 비교적 단시간에 분명히 현실화할 수 있다.

오디션 프로그램에 10~20대 참가자가 많다는 건 그만큼 어렸을 때부터 '하고 싶은 일'이 보인다는 얘기다. 그리고 많은 젊은이가 딱히 손에 잡히는 꿈이 없어도 남들처럼 아르바이트를 하며 학원에서 취업 준비를 하는 것 역시 일단 무엇이든 '할 수 있는 일'을 찾아야 한다는 생각 때문에 가능하다.

하지만 위에서 보았던 오디션 참가자들처럼 무작정 '하고 싶은 일'만 고집하거나 눈앞에 '할 수 있는 일'에만 몰두해 살아가는 것이 우리 인생에 행복을 보장해주지는 않는다. 무슨 일이든 더 잘할 수 있을 때 좋은 결과도 기대해볼 수 있기 때문이다.

보이지 않을 땐
할 수 있는 것부터

첫번째펭귄의 선택 6
처음부터 완전한 꿈을 꿀 수는 없다. 꿈이 떠오르기를 기다리며 아무것도 하지 않는 사람보다는 무엇이든 해보며 움직이는 사람이 길을 더 빨리 찾을 수 있다.

답답한 마음에 이렇게 발끈할지도 모르겠다.

"나도 내가 잘하는 게 뭔지 알고 싶다고!"

그렇다. 잘하는 일, 즉 현실적으로 돈벌이가 가능하면서도 내가 잘할 수 있는 일이 있다면 한층 더 선택이 쉬울 것이다. 그러면 할 수 있는 일도 더 명확하게 보일 테니까.

그러나 앞서 말했듯 잘하는 일을 찾기까지는 오랜 시간이 걸린다. 김연아 선수처럼 20대 초반에 절정기를 누릴 수 있는 특별한 재능이 아니고서야 20대에 무엇을 잘해본들 얼마나 잘하겠는가. 그나마 공부라도 특출하게 하면 남들보다 선택 가능한 길이 조금은 더 보이겠지만, 우리 중 "공부가 가장 쉬웠다"고 자신 있게 말할 수 있는 사람은 유감스럽게도 이미 정해져 있다.

그래서 20대에 자신의 재능을 못 찾아 답답해하는 것은 어쩌면 당연한 일이다. 문제는 중년에 이르러서야 잘하는 일을 마침내 찾았지만 그때 가서는 어찌할 바를 몰라 발만 동동 구르는 경우다.

앞서 말했듯이 나는 '잘하는 일'을 선택해서 그 길을 가고 있다. 참 감사하게도 그 '잘하는 일'이 '하고 싶은 일'이었고 지금 내가 '할 수 있는 일'이라 행복하다. 나는 내가 가진 콘텐츠와 강의에 경쟁력이 있다고 판단해 그 능력을 마음껏 발휘할 수 있는 강사의 길을 선택했다. 그뿐만 아니라 마케팅과 영업에서의 경험들도 내 꿈을 받쳐주는 확실한 '보조 능력'들이 되고 있다. 그런데 여기서 한 가지 분명히 해둘 것은 나 역시 처음부터 잘하는 일을 찾아낸 게 아니라는 점이다.

언젠가 대학생 주축으로 열린 프레젠테이션 세미나에 참석한 적이 있다. 그때 어느 고등학생이 진행한 프레젠테이션 때문에 나는 큰 충격을 받았다. 고등학생이라고 믿기 어려울 만큼 조숙했던 그 학생은 해박한 지식을 앞세워 거침없이 발표했는데, 그 모습은 그야말로 나에게 신선한 자극이 되었다. 세계 최고의 프리젠터를 꿈꾼다는 그 학생을 보며 '나도 좀 더 일찍 내 재능을 찾아 준비했다면 얼마나 좋았을까?' 하는 생각을 잠시 했다.

하지만 나도 그렇고 지금 이 책을 읽고 있는 당신도 그렇고, 우리 대부분은 내가 정말 무엇을 잘하는지 조기에 알지 못한다. 20대 내내 전공을 파고 취업 준비를 하면서도 이력서 자기소개서에 장점 한 줄 적어내는 데 한참 애를 먹는다. 내가 무엇을 잘하는지를 잘 모르니 어디 가서 기웃거려야 하는지도 감을 못 잡는다.

서른을 넘기고도 마땅한 직장을 찾지 못했던 나는 일단 '일'을 시작해야겠다고 마음먹었다. 잘하는 일은 물론이고 딱히 하고 싶은 일도 없었던 내가 선택할 수 있는 것은 지금 당장 '할 수 있는 일'이었다.

취업 대신 대학원 연구실에서 전전긍긍하고 있던 내게 오랫동안 알고 지낸 한 선배가 보험영업을 추천해줬다. 숙고의 시간은 며칠 걸리지 않았다. 할 수 있는 일이었기에 나는 그 길을 선택했다. 내 생애 첫 번째 직장이 결정되는 순간이었다. 그때부터 나는 내가 잘할 수 있는 것이 무엇인지를 찾기 위해 치열하게 살았다.

영업을 할 때 나는 선배들이 가르쳐준 방법 외에도 내가 할 수 있는 것들을 찾아 끊임없이 시도했다. 물론 실패와 성공을 반복했다. 그 와중에 나는 남들보다 영업 자료를 잘 만들어내는 나만의 재능을 발견했다. 그렇게 조우한 재능은 나를 두 번째 직장으로 이끌어주었다. 그곳에서도 나는 닥치는 대로 일을 배우며 강의의 재능을 키워나갔다.

처음 보험영업을 시작할 때는 내가 무엇을 잘하는지조차 모르는 갑갑한 상태였다. 하지만 매 순간 내 안에 있는 것들을 최대한 끌어올리려고 노력하자 점차 나도 미처 몰랐던 '잘하는 일'들이 보이기 시작했다. 그 발견들 덕분에 나는 마침내 '하고 싶은 일', 즉 나만의 '꿈'을 키워갈 수 있었다.

고시생 딜레마

첫번째펭귄의 선택 7
무엇을 선택하기 위해서는 또 다른 무엇인가를 손에서 놓아야 한다. 그것을 두려
워하는 사람은 결국 모든 것을 놓친다.

통계청에서 발표한 2012년 고용동향 자료에 따르면, 현재 우리나라 취업 준비자는 약 56만 명에 이른다고 한다. 그중에서도 30세 미만의 각종 국가고시 준비생이 매년 7~8만 명 정도다. 수천 대 일의 경쟁률을 자랑하는 언론사 시험과 공기업 시험을 준비하는 사람들, 그리고 여기에 대기업 취업 준비생까지 합하면 이 땅의 얼마나 많은 청춘이 지금도 꿈 하나만 바라보며 그 험난한 가시밭길을 가고 있는지 알 수 있다.

나 역시 20대 후반 약 2년간, 공기업 입사시험 준비를 하며 보낸 적이 있다. 당시엔 공기업에 들어가는 것이 내가 하고 싶었던 일이라 믿었기에 입사하는 순간만을 상상하며 좁은 고시원생활을 선택

했다.

하지만 딱 거기까지였다. 될 때까지 매달려 결국 해내는 사람들도 있었겠지만, 나의 경우 공기업 취업 준비 기간 2년이면 해볼 만큼 해본 시간이었다. 그쯤 되자 좀 더 냉정하게 상황을 바라봐야 할 필요가 있었다. 그것은 내가 이루고 싶은 꿈이라기보다는 하나의 목표였고, 내가 '잘하는 공부'여서 시작했다기보다는 단지 그때 내가 '할 수 있는 공부'를 선택한 것일 뿐이었다. 그것을 직시하게 되니 공기업 시험 준비는 더 이상 내가 할 수 있는 일이 아니었다. 그런 판단 덕분에 나는 내가 할 수 있는 또 다른 일을 찾아 나설 수 있었다.

멋진 꿈을 향해 지금도 밤새워 공부하고 있을 후배들의 희망을 꺾고 싶은 마음은 추호도 없다. 하지만 지금에서야 그 시간의 정체를 분명히 깨달을 수 있었던 한 사람으로서 꼭 필요한 질문을 한 가지 던져보려고 한다.

지금 본인이 하고 있는 그 준비의 '정체'가 무엇이라고 생각하는가? 정말 하고 싶어서 하는 공부인가? 아니면 지금 이것밖에 할 수 있는 일이 없어 보여서 하는 공부인가? 그것도 아니면 정말 자신 있기 때문에 하고 있는 공부인가? 이 질문에 물론 많은 이가 정말 하고 싶은 공부, 즉 꿈을 이루기 위한 공부라고 대답할 것이다.

그런데 과연 그럴까? 우리가 흔히 말하는 '목표'라는 것은 내가 '하고 싶은 일'이나 '꿈'과는 그 개념이 다르다는 걸 알아야 한다. 누구나 목표를 세우면 이루고 싶은 마음이 생기게 마련이다. 지극히 당연한 것이기에 그 자체가 꿈과 혼동될 여지가 크다. 공무원 시험을 준비하는 사람은 공무원이 되는 게 꿈이라 생각하고, 언론고시를 준비하는 사람은 기자나 아나운서가 되는 게 꿈이라 여긴다.

하지만 엄밀히 말해서 그것은 아직 꿈이라기보다는 목표다. 원칙적으로는 꿈을 먼저 선택하고 그 꿈을 이루기 위한 목표를 설정하는 게 순서다. 하지만 자신이 궁극적으로 무엇을 하고 싶은지를 명확히 찾지 못한 사람은 반대로 목표를 먼저 설정한다. 그렇게 달려가다 보니 그것을 꿈이라 착각하는 일이 생겨버리는 것이다.

그 일이 인생역전을 위한 것이든 안정적인 직업을 얻기 위한 것이든 간에 결국 그것은 내가 정말 이루고 싶은 꿈이라기보다는 단지 그런 직업이 '필요'해서 선택한 목표일 뿐이다. 스스로는 현재 '하고 싶은 공부'를 하고 있다고 믿지만, 사실은 지금 하고 있는 그 준비 자체가 유일하게 '할 수 있는 일'이라서 선택한 경우도 적지 않다.

물론 현재 하나의 목표를 꿈으로 여기고 나아가든, 본인 스스로 할 수 있는 일이라 자각하고 준비해가든, 시험에 합격해서 원하는 일을 하게 된다면 그 개념 자체는 크게 중요해 보이지 않는다. 어쨌거나 목표든 꿈이든 달성한 것이 될 테니까. 그러나 문제는 여기까지 갈 수 있는 사람이 극소수라는 데 있다.

국가고시 같은 큰 시험에서는 원하는 결과를 얻지 못하는 사람이 훨씬 더 많은 게 현실이다. 실패했다면 다시 툭툭 털고 있어나 새로운 꿈을 꾸러 나아가야 하는데, 이 과정이 사람마다 많이 다르다.

몇 년 진, 지인의 부탁으로 그의 동생을 만났다. 당시 20대 후반이었던 그 동생은 지난 몇 년간 중등교사 임용시험에서 번번이 낙방의 고배를 마셔왔다. 지인이 자신의 동생을 내게 소개한 이유는 너무 한 가지 시험에만 매달린 나머지 다른 길을 절대로 보지 않는 게 답답했기 때문이다. 아마도 지인은 비슷한 경험을 한 내가 자기 동생에게 도움을 줄 수 있기를 바랐을 것이다.

그의 동생을 만나 단둘이 이야기를 나누면서 나는 금세 그 친구가 보내고 있는 시간의 정체를 눈치챘다. 그 동생은 지인이 생각하는 것처럼 임용시험 하나에만 큰 뜻을 품고 외길을 고집하는 게 아니었다. 오히려 본인도 다른 길이 있다면 지금의 시간에서 탈출할 것이었다.

"꼭 선생님이 되고 싶은 거야?"

"지금은 반드시 그런 건 아니에요."

"그럼, 뭐 따로 생각해둔 게 있는 건가?"

"그런 건 없지만 더 좋은 게 있으면 해보고 싶기는 해요."

"시험은 언제까지 계속 도전할 생각인데?"

"다른 거 할 게 보이면 그땐 그만둬야죠."

그 친구는 '하고 싶은 공부'를 하는 것이 아니었다. 그저 '할 수 있는 공부(할 수밖에 없는 일)'를 선택하고 있었던 상황이다. 이미 좋은 결과를 기대하기 어렵다는 것을 직감적으로 알면서도 그렇다고 쉽게 발을 빼지도 못하는, 즉 이러지도 저러지도 못하는 '고시생 딜레마'에 빠져 있었던 것이다.

정말 내가 이루고 싶은 꿈이 중학교 선생님이었다면, 아무리 실패를 거듭할지라도, 몸과 마음은 지칠지라도, 꿈 자체가 쉽게 흐려지지는 않는다. 고생을 감내하면서 오직 뮤지션이 되겠다는 한 가지 꿈을 향해 수년 간 달려온 오디션 프로그램의 참가자들처럼 말이다.

하지만 내 앞에 앉아 있던 그 친구는 예상치 못한 오랜 실패로 인해 꿈이라 생각했던 목표의식 자체가 흐릿해져 있었고, 여차하면 자신도 얼마든지 다른 길을 선택할 수 있음을 고백하고 있었다. 그러면서도 아직까지 그 길을 포기하지 못하는, 정확히 말해서 다른 길을 선택하지 못하는 이유는 지금 하고 있는 임용시험 준비만이 현재 자신이 '할 수 있는 일'이라고 생각하기 때문이었다. 그 끈마저 놓으면 자신을 소개할 만한 어떤 것도 남지 않는다는 또 다른 두려움이 새로운 선택을 방해하고 있었다.

지금에 와서 다른 길을 찾아 나서는 것에 분명 그 친구는 두려움을 느끼고 있었다. 이는 내가 무엇을 잘할 수 있는지에 대한 근본적인 질문에 막혀 답을 못하고 있기 때문에 더더욱 그렇게 보였다. 하지만 그런 망설임 때문에 새로운 선택을 하지 않는 것은 본인의 미래를 위해서도 그리 현명한 처사가 아니다.

어차피 처음에 어려운 시험을 준비하기로 마음먹었을 때에도 100퍼센트 합격을 확신하고 달려들지는 않았을 것이다. 그 선택 역시 자기가 하고 싶어서 했던 일일 뿐, 그리고 긍정적인 마인드로 희망을 붙잡았을 뿐, 정말 자기가 잘해낼 수 있으리라는 객관적인 확신을 가지고 시작한 공부는 아니었을 거라는 얘기다. 가슴 아플 수도 있는 얘기지만 결국 오랜 시간 시험 준비를 해보고 나서야 이 공부는 자기가 잘해낼 수 없다는 사실을 확인한 것이다.

이제 새로운 선택을 해야 할 시점에서 내가 할 수 있는 또 다른 일을 찾아 나의 능력을 확인하고 키워가는 것만이 앞으로의 시간을 허비하지 않는 방법이다.

상담을 마무리하면서 그 친구에게 나는 마지막으로 생각해볼 질문 두 가지를 던져주었다. 정말 다른 길을 선택할 여지를 갖고 있는지, 그리고 그런 길이 있다면 선택할 의지가 있는지 말이다.

두 질문 모두에 '예스'라면 당장 이력서를 써서 아르바이트든 인턴이든 나처럼 영업 도전을 하든, 일단 '할 수 있는 일'을 시작해보라고 말했다. 그러다 또 다시 정말 하고 싶은 공부가 생기면 그 역시 도전해보라고 했다. 지금처럼 넘어가지 않는 책만 펼쳐놓고 의미 없이 시간을 보내면 아무런 해답을 찾을 수 없으니 일단 움직이는 게 운신의 폭을 넓히는 데 도움될 거라고 했다. 그가 어떤 길을 선택하든 진심으로 응원하겠다고 약속하면서 말이다.

처음부터 잘하는 사람은 없다

첫번째펭귄의 선택 8

꿈을 선택한 사람은 그 꿈을 이루기 위한 시간과 경험을 함께 선택한 것이다. 조금 고달프다고 해서 금세 다른 길을 찾는다면 나중엔 꿈조차 꿀 수 없는 현실에 빠질 것이다.

처음부터 자기가 잘할 수 있는 일을 선택해나가는 사람은 매우 드물다. 특히 우리나라처럼 초등학교 때부터 고등학교 때까지 똑같은 교육을 같은 비중으로 받아야 하는 환경 속에서 남다른 재능을 일찌감치 찾아내기란 여간 어려운 일이 아니다. 10대 때 못했다면 20대에라도 그 고민을 해야 하는데, 그때는 일단 어디서든 불러주면 '땡큐'다 싶어 다시금 남들과 똑같은 스펙을 쌓아가며 같은 코스의 경주를 하는 안쓰러운 상황이 연속된다.

그렇게 30~40대가 되어 이리저리 치이며 산다. 그러다 어느 날 문득 하늘을 바라보며 한숨을 쉬고 있는 자신을 발견한다.

'나, 지금 잘 가고 있는 건가?'

최근 들어 4~5년차 직장인들의 희망퇴직이 늘고 있다고 한다. 임원만을 대상으로 희망퇴직을 받으려 했다가 사원, 대리, 과장급에서도 퇴직을 받아달라는 요구에 못 이겨 결국 어렵게 뽑아 힘들게 키워놓은 많은 인재를 내보내야 하는 기업도 있다.

이 젊은 직원들이 회사를 나가서 선택하는 것은 대체로 유학, 공무원, 자격증 준비 등이다. 이는 그동안 회사에서 가장 바쁜 일개미로 살아오면서도 정작 본인이 잘할 수 있는 일을 아직 찾지 못했다는 방증이다.

요즘의 젊은 직장인들은 예전 선배들에 비해 개인 성장에 대한 관심이 높은데, 이런 욕구를 채워줄 배움이 현재 몸담고 있는 조직에서는 어렵다고 생각되어 자꾸 바깥을 기웃거리는 것이다. 처음에는 고생한 보람도 있고 해서 일단 입사를 한다. 하지만 자신이 좋아하는 일보다 싫어하는 일들을 먼저 접하게 마련인 사회생활이 반복된다. 그런 일상이 거듭될수록 이루지 못한 꿈들에 대한 미련은 자꾸만 커진다.

사실, 처음부터 회사 일이 재밌는 경우는 드물다. 일단 익숙하지 않은 일들이다 보니 서투르고, 서투른 만큼 실수하면 윗사람들에게 싫은 소리를 들어가며 눈칫밥도 먹어야 한다. 뭔가 회사는 정신없이 분주하기만 하다. 내가 좋아하고 잘하는 일은 물 건너간 지 오래다. 그저 상사가 시켜서 하는 일투성이고, 그나마 조금 익숙해지면 숙취와 야근 외에는 남는 것이 없어 보인다. 절친한 동료라도 곁에 있으면 사람 사귀는 재미로라도 다니겠지만 내 옆에는 항상 이상한 사람들만 가득해 배울 것도 없어 보인다. 그러니 회사생활이 재미있을

수가 없다. 잠깐 동안 배부르게 해줄 약간의 퇴직금 외에는 아무것
도 없이 그대로 회사를 나오고 만다.

나는 주로 주말을 이용해 단골 미용실에 가는데, 어찌하다 보니
그날은 평일 저녁에 가게 되었다. 아무래도 주말보다는 손님이 적었
기에 그날따라 디자이너와 연습생이 내게 대화도 많이 시도하며 머
리 손질을 해주었다.

그렇게 얼마간을 있다가 디자이너가 잠시 자리를 비운 틈을 타 옆
에 있던 어린 연습생이 갑자기 얼굴을 잔뜩 찌푸리며 넋두리를 하기
시작했다.

"제가 오늘 실수한 게 있어서 퇴근할 때 선생님한테 많이 혼나게
생겼어요."

왜 나한테 그런 말을 했는지는 모르겠지만, 금방이라도 울 듯한
표정으로 너무 걱정만 하고 있는 것 같아 힘내라는 차원에서 몇 마
디 건네주었다.

"에이, 너무 걱정하지 말아요. 괜찮을 거예요. 그리고 그 나이 때
는 많이 혼나는 사람이 예쁨도 받는 거예요. 지금 혼나지 않으면 더
나이 들어 혼나게 되고, 나이 들어 혼나면 그때는 정말 서럽고 창피
하거든요. 실제로 사회엔 그런 사람 많아요. 선생님이 그쪽을 좋아
해서 잘 가르쳐주려는 거니까 여기 있을 때 많이 배워둬요."

"그런 건가요?"

그제야 연습생은 안심한 듯 얼굴이 밝아졌고, 나도 한결 기분이
좋아졌다.

직장은 나와 다른 사람들이 모여 서로의 능력을 펼치는 장이다.

일을 해나가는 과정에서 설령 윗사람에게 혼이 나고 그 때문에 자존심 상하는 경우가 더러 생기더라도 그 안에는 젊은 당신이 배울 수 있는 게 생각보다 많다.

이렇게 예를 들어보자. 전 세계 고급 커피의 주종을 이루고 있는 아라비카는 그 황홀한 맛과 향 때문에 비싼 값에도 불구하고 많은 커피 애호가의 사랑을 받고 있다. 고도가 높은 지역에서 뜨거운 태양을 맞으며 길고 건조한 열악한 환경을 버텨낸 끝에 우수한 품종으로 탄생한 것이 아라비카다.

마찬가지로 사회생활을 시작한 지 얼마 안 되는 사람일수록 지금은 최고급 아라비카를 만들어내기 위해 꼭 견뎌내야 하는 시기라는 것을 기억하고 남들보다 한 뼘이라도 더 커나갈 수 있게 해주는 환경에 고마워해야 한다.

내가 미용실 연습생에게 말했던 것처럼 만일 젊었을 때 그 시간을 견뎌내지 못하면 어디 가서도 '진짜 공부'를 할 수 없다. 그뿐만 아니라 그런 공부를 제대로 못한 사람이 혹시라도 리더가 되면 부하직원들에게 무시당하는 뒷방 노인네로 전락할 수밖에 없다. 회사에서 배울 수 있는 것들은 책이나 학교가 아니라 바로 자신이 몸담고 있는 조직에 있다는 사실을 다시 한 번 명심할 필요가 있다.

아무리 지금 하는 일이 재미없고 주변 선배들에게서 배울 게 없어 보여도 당신 역시 아직 빈손이라면 성급한 진로 변경을 선택하기보다 좀 더 적극적으로 배움의 의지를 갖고 회사 일을 바라볼 필요가 있다. 정말 배울 것이 없어서 배운 게 없는 것인지, 아니면 일이 바쁘고 재미없다는 핑계로 눈과 귀를 가리고 있었던 것은 아닌지 한번 생각해보라는 얘기다. 그것이 바로 자신이 잘할 수 있는 일을 찾아가는 과정이기도 하다.

그렇게 좀 더 시간과 치열하게 싸워봐야 한다. 이는 무의미하게 버티는 것과는 차원이 다르다. 어쨌거나 주어진 환경에서 주어진 시간을 가지고 땀 흘려 매진하다 보면 결국 그 길이 자신의 길이 아니었다고 해도, 그 모든 경험은 훗날 '진짜 도전'의 성공 확률을 높이는 나만의 강력한 무기가 될 것이다.

죽을 만큼
출근하기 싫다면

첫번째펭귄의 선택 9

최악의 상황임을 알면서 아무것도 하지 않고 버티기만 하는 것은 기특한 일이 아니다. 자신에게 맞는 적극적인 선택을 통해 상황을 변화시켜 나아가야 한다.

페이스북에서는 나와 친구를 맺은 지인들의 글이 '뉴스피드'라는 공간을 통해 시간 순서대로 노출된다. 뉴스피드를 통해 나의 글이 다른 사람들에게 읽히고, 반대로 지인들의 글을 내가 읽을 수 있는 것이다.

그런데 참 신기하게도 글만 읽어보면 누가 쓴 글인지 대충 느낌이 온다. 종이에 쓰는 글씨처럼 필체가 있는 것도 아닌데, 사람마다 관심을 두는 분야와 즐겨 쓰는 문체가 있다 보니 그 사람 특유의 흔적이 남는 것이다.

내가 쉽게 알아볼 수 있는 한 지인의 글에는 언제나 자신의 직장 생활에 대한 불만과 거기에서 오는 비관적인 말들로 가득하다. 그 사람의 글에는 늘 절망적이고 지친 기색이 역력한데, 나로서는 조금 이해가 안 되는 부분이 하나 있다. 그런 식으로 몇 년간 같은 분위기의 글들만 남기면서도 왜 도통 상황을 변화시키지 않느냐는 것이다. 그토록 직장생활이 죽을 만큼 싫고 자신의 처지를 비관할 만큼 하루하루가 고통스럽다면 무엇이든 해서 상황을 바꿔야 할 텐데, 그 사람은 그냥 그렇게 아무것도 하지 않고 '눈물겨운' 글들로 기분만 쏟아내고 있는 것이다.

우리나라 직장인들이 참 고단하다는 것, 모두가 공감할 것이다. 일은 일대로 많고, 재미는 재미대로 없고, 연봉은 기대만큼 받질 못하고, 임원 승진은 점점 더 어려워졌고⋯⋯. 무엇보다 퇴직 시점이 빨라지다 보니 40대만 되어도 이런저런 조바심에 소리 내어 울지도 못하는 게 현실이다.

어디 그뿐이겠는가. 월요일 아침 출근만 생각하면 일요일 저녁부터 소화가 안 되고 밤잠도 설친다. 월요병이라는 것도 어찌 보면 또 일주일을 같은 환경에서 살아가야 한다는 절망감에서 오는 직업병이 아닌가 싶다.

그래도 그나마 직장생활을 계속 이어갈 수 있도록 해주는 작은 위안거리가 있다면, 이런 삶이 나에게만 해당되는 것이 아니라 내 주변 동료들, 더 나아가 대한민국의 모든 직장인이 별반 다를 것 없다는 점일 게다. 나 혼자 이런 일상을 살아간다면 억울하겠지만 같은 시대를 살아가는 대부분의 사람이 똑같이 힘들게 돈을 벌고 있으니, '사는 게 다 그런 거지!' 하면서 버틸 수 있는 것이다.

하지만 그 정도의 평범한 고달픔을 넘어 페이스북의 그 친구처럼 고통스러울 정도의 직장생활을 해야 한다면 얘기가 조금 달라진다. 자신의 생각과 영혼이 심각하게 피폐해지는 것을 알면서 아무런 조치도 취하지 않는 것은, 큰 수술을 받아야 할 때까지 병을 키우는 것과 다르지 않다. 아마 수술을 받아야 할 때쯤이면 자신을 방치했던 스스로의 선택은 간과한 채 주변의 상황만을 탓하는 어리석은 실패자의 모습만 남아 있을 것이다. 티 안 내고 버티는 것만으로도 가상하다고 할 법하지만, 사실 그것은 그냥 아무것도 하지 않은 무의미한 방관자적 삶을 산 것에 불과하다. 그런 행태는 점점 더 자신을 벼랑 끝으로 몰아갈 뿐이다. 떨어져 죽을 게 빤한 그 길로 말이다.

직장생활이 괴로운 이유는 사람마다 다를 것이다. 누구는 적성이 안 맞아서, 누구는 일을 잘 못해서, 누구는 동료들과의 관계가 원활하지 못해서 등등의 이유로 부푼 꿈을 안고 들어온 직장이 오히려 자신의 꿈을 짓밟는 지옥이 되고 있는 것이다.

정말 직장생활이 죽을 만큼 고통스럽고 괴롭다면, 그 사람은 다음의 세 가지 중 하나를 선택할 수 있다. 아니, 반드시 하나는 선택해야 한다.

괴롭고 힘들기만 한 직장을 아침 일찍 출근하고 싶은 일터로 바꾸고 싶다면 첫 번째로, 그 안에서 자기 변신을 가장 먼저 시도해봐야 한다.

어차피 조직의 시스템이나 주변 사람들은 단기간 내에 내 뜻대로 바뀌지 않는다. 그렇다면 내가 변하는 수밖엔 다른 도리가 없다. 일이 재미없다면 그것은 단지 적성이 맞지 않아서가 아니라 아직 일을 잘하지 못하기 때문일 수도 있고 혹은 보기 싫은 옆 사람 때문에 일 자체가 재미없는 것일 수도 있다. 무엇이 되었든 출근하기 싫은 진짜 이유를 찾아내어 회사에 최적화된 나로 거듭나도록 애써보아야 한다.

비전이 안 보인다면 남들은 어떤 비전을 갖고 일하는지 얘기를 나눠볼 수도 있고, 동료들보다 차별화된 능력을 키우기 위해 주말 학원을 다니며 업무와 관련된 공부를 해볼 수도 있다. 관계가 나쁜 사람과는 회복을 위한 노력이 뒤따를 수도 있고, 아예 무시하거나 철저하게 업무적인 관계로만 대하는 것도 최악의 상황에선 고려해볼 만하다.

그렇게 조직 안에서 할 수 있는 일이 많아지고 영향력 또한 커지는 것을 느끼면 훨씬 안정감을 가지고 회사생활을 이어갈 수 있을 것이다. 물론 내가 가장 추천하고 싶은 것은 직장 안에서의 자기 상황을 개선할 수 있는 실천적 노력을 해보는 것이다.

두 번째로, 위와 같은 노력에도 불구하고 회사 안에서 도저히 길을 찾을 수 없다면 과감히 밖에서 해답을 구해야 한다. 그것은 이직을 알아보거나 다시 공부를 시작하는 것 등이 되겠지만 무엇이 되었든 내부에서의 상황 변화가 불가능하다면, 그래서 자신의 고통이 이어질 게 빤하다면 더 늦기 전에 냉정히 판단하고 행동을 감행해야 한다.

꼬박꼬박 월급을 넣어주는 현재의 직장을 그만두는 것이 당장은 두렵겠지만, 그것 때문에 내 아까운 젊음을 병든 채 보낼 수는 없다. 세상에는 생각보다 많은 자리가 나를 기다리고 있다. 하지만 마지막까지 냉정하게 고민해야 할 것은, 정말 이것이 앞서 소개한 방법보다 내가 잘할 수 있는 일이냐 하는 것이다. 아무리 괴로워도 지금의 자리에서 적극적으로 해결해나가는 것이 대체로 더 쉽기 때문이다.

첫 번째와 두 번째 방법 모두 선택할 자신이 없다면, 이제 직장의 고통에서 벗어나기 위해 선택할 수 있는 마지막 방법은 바로 우리가 숱하게 명사名士 들을 통해 들은 것, '긍정적인 사고'로 하루하루를 버티며 좋은 날이 오기만을 기다리는 것이다.

타고난 성격이 아니더라도 모든 것이 성장을 위한 고난의 시간이라 여기고 자신이 주인공으로 설 그때를 기다린다면, 어제와 달라진 것은 딱히 없지만 최소한 고통스러운 순간만큼은 무사히 넘길 수 있다. 남들처럼 소주 한 잔이면 무난히 해결될 심리적 상황을 만들 수 있는 것이다.

내 페이스북 친구는 아쉽게도 위 세 가지 중 아무것도 선택하지 않았다. 누군가 수렁에서 꺼내주기를 간절히 바랐지만, 정작 자신은 팔도 뻗지 않은 채 온전히 그 고통을 다 받아내고 있었다. 뭔가 달라지기를 바라면서도 정작 자신은 아무것도 하지 않는 상황이 몇 년째 계속되고 있는 것이다. 이는 평생 고통 속에서 허우적거리기를 선택한 것에 지나지 않는다.

CHAPTER 3

멈추지 않는
꿈

드림 매트리스

첫번째펭귄의 선택 10
누구에게나 꿈을 향해 뛰어내릴 기회는 찾아온다. 다만, 평소에 꿈을 꾸며 준비한
사람만이 그 시기를 정확히 읽어낼 수 있다.

2003년 겨울은 내 인생에서 가장 추운 시기였다. 대학원을 다니고는 있었지만 졸업을 해도 취업이 불확실하던 시기였던 터라 나는 휴학계를 내고 본격적인 취업 준비에 돌입했다. 그때 난생 처음 고시원생활을 시작했다. '꿈'이라는 한 글자만 바라보고 야심차게 출발했지만, 이내 나는 추운 겨울 한 평 남짓한 좁은 방 안에서 내 몸뿐만 아니라 마음까지 수시로 얼어붙는 현실을 경험해야 했다.

당시의 나를 기장 힘들게 했던 것은 실패의 가능성보다는 또래 친구들에게 영원히 뒤처져 인생의 '낙오자'가 될지도 모른다는 막연한 불안감이었다. 친한 친구들은 이미 그럴듯한 직장에 들어가 사회의 한 구성원으로서 당당히 인생설계를 해나가고 있을 때, 나는 빚도

잘 들어오지 않는 퀴퀴한 고시원에 갇혀 있었다. 불쑥불쑥 찾아오는 부정의 생각, '이렇게 젊음을 허비하다가 나만 끝장나는 거 아니야?' 하는 생각이 견딜 수 없는 고독감을 만들어냈다.

하지만 10년이 흐른 지금, 과거의 공백은 더 이상 공백으로 남아 있지 않고 현재의 독립된 나로 성장시켜준 가장 튼튼한 뿌리가 되었다. 오히려 지금은 꿈을 이루며 살아가는 나를 부러워하는 친구들도 많아졌고, 이제는 거꾸로 자신들의 불안한 미래를 내게 털어놓기도 한다. 마흔을 코앞에 둔 나이……. 아마 앞으로도 우리는 수없이 앞서거니 뒤서거니 하며 끝 모를 미래를 향해 그렇게 달려갈 것이다.

우리는 모두 '인생'이라는 이름의 빌딩을 오르는 중이다. 나이가 한 살씩 들어감에 따라 나 역시 한 층씩 올라가는 이 빌딩 밑에는 '꿈'이라는 에어 매트리스가 깔려 있다. 이름 하여 '드림 매트리스'다. 이 드림 매트리스에는 우리가 태어나는 순간부터 조금씩 바람이 채워지고 있는데 특이한 점은 사람마다 바람이 가득 채워지는 시기가 다르다는 사실이다.

20층에 다다랐을 때쯤 바람이 채워지는 사람도 있고, 50층에 도착해서야 매트리스가 풍성해지는 사람도 있다. 누구는 연초에 빵빵해진 매트리스를 보게 될 수도 있고, 누구는 연말에 가서야 그 매트리스가 쓸 만해지기도 한다.

그래서 사람은 빌딩을 오를 때마다 수시로 발밑을 내려다봐야 한다. 지금 나의 매트리스가 어느 정도 팽창해 있는지, 지금 뛰어내려도 괜찮은 상태인지 말이다. 옆 사람이 뛰어내려 멋진 꿈을 이룬다 해서 자신도 무작정 뛰어내렸다가는 아직 덜 채워진 매트리스에 부딮혀 큰 부상을 입을 수도 있고, 반대로 주변 사람들이 묵묵히 계단만 오른다고 해서 다 채워진 나의 매트리스를 모른 척하다가는 도로 그 바람이 빠져 영원히 뛰어내릴 수 없는 지경에 놓일 수도 있다. 한 번 채워진 드림 매트리스가 우리의 선택을 계속 기다려주지는 않는 것이다.

제대로 부풀어오른 드림 매트리스에 뛰어내린 사람은 또 한 장의 매트리스를 위에 쌓고 돌아올 수도 있다. 그래서 설령 꿈을 이루는 데 실패하더라도 튼튼히 설계된 꿈에 뛰어내리기를 멈추지 않는 사람은 자신이 서 있는 높이와 매트리스와의 간격을 점차 좁혀나가게 된다. 성공하든 실패하든 푹신한 드림 매트리스가 쌓여 나이가 들어도 오히려 해볼 만한 도전들이 눈에 보이게 되는 것이다.

대학에 이어 대학원에서까지 '도시계획'을 전공했던 내가 처음 보험영업이라는 드림 매트리스에 뛰어내리게 되었을 때는 두려움도 컸다. 뛰어내리다 죽는 건 아닌지, 저 매트리스가 정말 나를 지켜줄 수 있을지 끊임없이 의심했다.

하지만 그렇게 한 번 뛰고 나자 위에선 미처 보지 못했던 기회가 땅 위에 있다는 사실을 알게 되었고, 그때마다 쌓이는 드림 매트리스를 향해 좀 더 용감히 뛰어내릴 수 있었다. 덕분에 지금 내 발밑의 드림 매트리스는 꽤 두껍다. 그새 내가 올라와 있는 층도 많이 높아졌지만 오히려 드림 매트리스와의 거리는 한참 가까워진 느낌이다. 그저 계단만 오르며 평생 뛰어내리지 않았더라면 얻을 수 없는, 오직 나만을 위한 드림 매트리스다.

드림 매트리스의 활용법은 다음과 같다.

일단 자신의 드림 매트리스에 바람이 꽉 채워질 때까지 기다리는 것이 중요하다. 늦은 때라는 것은 없다. 앞서 말했지만 사람마다 바람이 가득 채워지는 시기는 다르다. 그리고 높은 곳에서 뛰어내릴수록 이것은 아주 중요한 문제다. 자신의 매트리스에 바람이 빨리 채워지지 않는다고 조급해해선 안 된다. 그보다는 뛰어내려야 할 때 뛰어내리지 못하는 것에 주의해야 한다.

다시 말해 최대한 생존 확률을 높일 수 있는 때를 수시로 확인하되, 기회가 왔을 때는 과감히 뛰어내릴 필요가 있다. 실제로 많은 사람이 다 채워진 드림 매트리스를 아예 몰라본다. 모든 에어 매트리스가 그렇듯 꽉 찬 드림 매트리스도 시간이 흐르면 다시 조금씩 힘을 잃어간다는 사실을 명심하자. 드림 매트리스는 항상 같은 모습으로 우리를 기다려주지 않는다. 그래서 타이밍이 중요하다.

공기가 잘 채워진 드림 매트리스 위에 뛰어내린다 해도 실제로 꿈을 이루고 못 이루고는 또 다른 문제다. 하지만 그 여부에 상관없이 우리는 새로운 매트리스를 겹쳐 올려놓고 돌아올 수 있기에 다음번 도전도 기대할 수 있다. 반대로 바람 채워진 드림 매트리스를 못 본 체하며 제대로 뛰어내린 적이 없는 사람은 높은 층으로 올라가면 올라갈수록 도전의 위험도 그만큼 높아진다.

친구들은 27층에 도달했을 때 드림 매트리스가 채워져 뛰어내렸던 것이고, 나는 31층에 올랐을 때 드림 매트리스가 채워져 뛰어내렸을 뿐이다. 지금 되돌아보면 그 차이는 정말 아무것도 아니다. 오히려 그 이후에 얼마나 안전하게 그리고 얼마나 익숙하게 드림 매트리스에 계속해서 뛰어내릴 수 있느냐에 따라 인생의 격차는 벌어지는 것이다.

마흔이 훌쩍 넘은 나이 때문에 가슴속에 뜨거운 무엇인가가 있으면서도 새로운 도전을 머뭇거리는 사람들이 보인다. 게다가 과거에도 그다지 드림 매트리스에 뛰어내린 경험이 없다면 저 밑에 깔려 있는 한두 장의 매트리스는 정말 불안하게만 느껴질 것이다.

하지만 그 망설임이 정말 '나이' 때문이라면, 그리고 그 매트리스에 바람이 제대로 채워져 있는 게 확실하다면 당신은 여전히 뛰어내릴 만한 위치에 서 있는 것이다. 오히려 빌딩만 계속 오르다 보면 정말 뛰어내리고 싶을 때 훨씬 높은 곳에서 바람이 빠져 훨씬 더 얇아진 매트리스 위로 떨어져야 하는 순간을 맞이할지도 모른다. 나의 마지막 층이 몇 층이 될지는 아무도 모른다.

다시 말하지만 뛰어내리기에 높은 층이란 없다. 단지 아직 채워지지 않은, 혹은 바람 빠진 매트리스 위로 뛰어내리는 실수를 저지르지 않기만 바랄 뿐이다.

꿈의 나이테

첫번째펭귄의 선택 11
꿈을 꾼다는 것은 평생을 두고 멈추지 말아야 할 선택이다. 그럼에도 불구하고 경험과 통찰력이 깊어지는 시기에 오히려 꿈꾸기를 경계하는 분위기가 아쉬울 따름이다.

일흔을 바라보는 내 아버지는 요즘 기타를 배우는 재미에 푹 빠지셨다. 조금 서툴지만 열심히 연습하시는 모습을 보면 다행히 아직은 건강한 열정이 있는 듯하여 아들로서 기쁘고 감사할 따름이다.

요즘 어르신들은 젊은이들 못지않게 스마트 기기에 대한 관심이 높아 서로간의 정보공유가 활발하시다. 얼마 전 카페에서 글을 쓰고 있는데 옆 테이블의 노신사 네 분 중 한 분이 친구들에게 '스마트폰 교육'을 하고 계셨다. 물론 그 교육을 받고 있는 친구들의 표정은 사뭇 진지하다 못해 존경스러워 보이기까지 했다.

우리가 잘 아는 대로 KFC 할아버지 커넬 샌더스가 치킨 사업으로 새로운 도전을 한 때는 예순다섯 살이었다. 대부분의 사람이 젊은 날의 경력을 정리하며 조용히 노후를 보낼 법한 시기에 그는 세상에서 가장 맛있는 닭튀김을 만들어내기 위해 동분서주하며 제2의 인생을 열어가고 있었던 것이다.

나는 나이에 상관없이 무모한 도전을 즐기라고 말하지는 않는다. 드림 매트리스에서도 말했듯이 사람은 나이가 들어갈수록 점점 더 뛰어내리기 부담스러운 높이로 올라가게 되어 있는 것이 사실이다. 꿈이 아무리 중요하고 드림 매트리스가 믿음직스러워 보여도 세상에는 나이에 따라 소화 가능한 도전이 있고 그렇지 않은 도전도 분명히 존재한다.

중요한 점은 도전에 대한 열정이 아직 살아 있느냐 하는 것이다. 작은 꿈이라도 여전히 기회가 왔을 때 그 꿈을 향해 뛰어내릴 수 있는 용기만 있다면 그는 오늘 가장 젊은 날을 살고 있는 것이다. 그 꿈이 새로운 악기나 IT 기기를 배우는 것 등의 소소한 것일 수도 있고 치킨집을 차리는 사업 등의 비교적 큰 것일 수도 있겠지만, 꿈의 크기보다 가치 있는 일은 결코 멈추지 않고 꿈을 꾸는 것이다.

2012년 대한민국의 40대 남성들을 대상으로 한 흥미로운 설문조사 결과 하나가 알려졌다. '만약 다시 20대로 돌아간다면 가장 되찾고 싶은 것이 무엇인가?'를 물어본 것인데, 대망의 1위가 바로 '꿈'이었다. 그해 많은 아저씨를 설레게 했던 수지의 매력 때문인지는 몰라도 '첫사랑'을 되찾고 싶다는 응답도 2위까지 올랐다.

그렇다면 대체 무엇이 가장 치열하게 현실을 살아가고 있는 40대 남성들에게 '꿈'이라고 하는 다소 추상적인 대답을 끌어낸 것일까? 첫사랑의 달콤한 추억마저도 밀어낼 만큼 그들에게 꿈이 그토록 되찾고 싶은 과거였다는 사실이 조금 의외로 다가왔다.

우리는 '꿈'이라는 단어를 당연히 미래와 연결지어서만 떠올린다. 앞으로 무엇을 이루고 싶다느니, 앞으로 어떤 사람이 되고 싶다느니 하면서 말이다. 하지만 머리에 하얀 눈이 내리기 시작하고 회사에서도 어느 정도 높은 자리에 앉을 때쯤이면 새삼스럽게 지나간 과거들을 돌아보며 젊은 날 이루지 못했던 꿈을 한 번쯤 상상한다. 그 순간만큼은 '미래'가 아닌 '과거'를 꿈꾸는 것이다.

강의를 가던 중 차 안에 틀어놓은 라디오에서 DJ가 청취자와의 전화 연결을 시도하고 있었다. 마침 연결된 사람은 고3 수험생이었다. 몇 마디 인사를 나누더니 DJ가 수험생에게 물었다.

"대학 가는 거 빼고 앞으로 이루고 싶은 꿈이 뭐예요?"

순간 그 소리가 왜 그렇게 나에게 던지는 질문 같던지…….

'사업에 성공하는 거 빼고 앞으로 이루고 싶은 꿈이 뭐예요?'

온통 대학입시 합격 생각만 하고 있을 수험생에게 대학 가는 거 빼고 무슨 꿈이 있냐고 묻다니……. 사업하고 있는 나한테 사업 성공하는 거 빼고 이루고 싶은 꿈이 뭐냐니……. 아마도 그 DJ는 목표와 꿈의 차이점을 명확히 알고 있었던 것 같다. 그러니 '진짜' 꿈이 무엇이냐고 물을 수 있었던 것이다.

그런데 그 수험생은 한 치의 망설임도 없이 자신의 진짜 꿈을 이야기했고, 나는 한동안을 그대로 멍하니 있어야 했다.

살아가는 날들이 많아질수록 보는 것, 듣는 것, 알게 되는 것들도 함께 많아진다. 그럼에도 불구하고 고3 수험생 시절보다 말할 수 있는 꿈이 줄어든다는 것은 참 아이러니하다.

수험생 때는 아무리 공부하느라 정신이 없더라도 친구들과 만나면 훗날 이루고 싶은 꿈들에 대해 이야기하며 밤을 샐 수 있었지만 지금은 당장에 이루어야 할 목표를 빼고 나면 쉽게 꿈에 대해 입을 떼지 못한다. 꿈이라는 것을 꿔본 지 너무 오래되어 머릿속이 하얗게 되기도 하거니와, 보이는 세상만큼 보이는 장애물도 많다 보니 아예 처음부터 꿈을 꾸지 않는 것이 마음 편한 것도 사실이다.

　하지만 깊은 산속 나무는 추운 겨울을 보내면서도 나이테를 늘려가는 법. 그렇지 않으면 바짝 말라버린 초라한 고목이 되어 생명 없는 삶을 살아가야 한다. 어떤 사람들은 나이가 들어 꿈꾸는 것을 비현실적이고 철이 안 든 행동이라 말하지만, 나는 오히려 꿈꾸는 사람이 현실주의자고 꿈 없는 사람이 이상주의자라 생각한다. 꿈 없이도 행복할 수 있다는 이야기가 나한테는 여전히 이상적으로만 들리기 때문이다.

　꿈은 늙지 않는다. 아니, 갈수록 젊어져야 꿈이다. 밖에서 거친 비바람이 불어도 내 안에 있는 꿈의 나이테를 늘려간다면 그 언젠가 하늘 높이 솟아올라 커다란 그늘을 이루는 나의 현재를 발견할 수 있을 것이다. 과거의 꿈이 아닌 미래의 꿈을 꾸면서 말이다.

　오늘은 나의 지나온 인생 중에서 가장 늙은 날인 동시에 남은 인생 중에서는 가장 젊은 날이기도 하다. 어느 관점에서 보느냐에 따라 누구는 가장 늙은 하루를 사는 것이고 누구는 가장 젊은 날을 살고 있는 것이다. 그 또한 개인의 선택이다.

용의 꼬리 vs. 뱀의 머리

첫번째펭귄의 선택 12
내가 어디에 속해 있는가보다 중요한 것은 그 안에서 내가 무슨 역할을 감당하고
있느냐 하는 것이다. 자리가 곧 꿈을 만들어낸다.

당신은 용의 꼬리가 되고 싶은가, 뱀의 머리가 되고 싶은가?

내 페이스북에 똑같은 질문을 올렸더니 어떤 사람은 용의 꼬리가 되고 싶다고 하고, 또 어떤 사람은 뱀의 머리가 되고 싶다고도 한다. 물론 처음부터 용의 머리가 될 수 있다면야 가장 좋겠지만 그때까지는 꽤 많은 시간이 걸린다고 보고 일단 둘 중 하나를 가정해서 이야기를 풀어볼까 한다.

우선 용의 꼬리를 선택했다면 아무래도 남들보다 큰물에서 많은 경험을 할 수 있다는 장점이 있다. 뱀보다는 확실히 용이 더 넓은 지역을 휘젓고 다닐 게 분명하고 그 꼬리에라도 붙어 있으면 늘 용의 머리를 바라볼 수 있으니 나도 언젠가 저 자리에 올라갈 수 있으리

라는 기대를 품어볼 수 있다.

많은 취업 준비생이 중소기업의 빈자리를 마다하고 재수 삼수를 하면서까지 대기업만 바라보는 가장 큰 이유도 이러한 '용'의 구성원이 되어 안정적이고 그럴듯한 인생을 살고 싶기 때문이겠다. 그리고 마침내 용에 올라타 꼬리가 되는 순간, 그때부터 내가 사람들에게 자랑하는 이름은 꼬리가 아니라 바로 용 자체가 된다. 어느 용에 올라타 있는지가 자신의 실제 위치보다 중요해 보이는 것이다.

얼마 전 신문을 보니 우리나라 대졸 신입사원 100명 중 1명만이 '임원'이라는 별을 달고 퇴직한다고 한다. 나머지 99명은 평생 용의 머리가 가는 방향대로 바쁘게 끌려만 다니다가 결국 머리 한 번 못 돼보고 내려와야 하는 운명이라는 얘기다. 더군다나 이는 평균이기 때문에 몸집이 큰 용에 탄 사람일수록 경쟁자가 많으니 머리가 될 확률은 그만큼 낮아진다는 것을 짐작할 수 있다.

물론 평생 용의 머리가 못 되어도 부지런히 일한 대가로 가족들의 행복을 꾸려가는 것 역시 분명 가치 있고 존중받아 마땅한 일이다. 하지만 지금 이 책을 읽는 사람들 중에 한 번쯤 멋진 '머리'가 돼보고 싶다는 꿈을 가진 사람이 있다면 일찌감치 시야를 넓혀보라, 말해주고 싶다. 아무리 생각해도 100:1이 넘는 경쟁률만 바라보고 긴 세월을 가기에는 우리 대부분이 너무 평범하기 때문이다.

세상에는 당신을 키워줄 수 있는 멋진 뱀들이 많다. 역시 그곳에서도 당장은 꼬리부터 시작해야겠지만, 용에 붙어 있을 때보다는 머리가 될 수 있는 확률이 훨씬 높다. 무엇보다 그곳에는 경쟁자가 적고 개인에게 많은 기회가 오기 때문에 조금만 노력하면 성장도 빠른 편이다.

혹시 강대국의 대통령과 약소국의 대통령이 만나는 장면을 뉴스에서 본 적 있는가? 그때 약소국의 대통령이라 해서 강대국의 대통령에게 고개를 숙이거나 더 저렴한 식사를 대접받는 일은 벌어지지 않는다. 그들 모두 똑같이 한 국가를 대표하는 우두머리로서 대우받는다. 중요한 것은 내가 그런 자리에 초대될 수 있는 우두머리가 될 수 있느냐다.

뱀의 머리가 되면 용의 머리와도 친구가 될 수 있다. 아예 그렇게 해서 용의 머리로 건너가는 사람들도 많다. 대한민국이라는 작은 나라에서 열심히 뛰다가 해외 빅리그로 스카우트되어 현지인들보다 더 좋은 평가를 받고 있는 스포츠 스타들, 작은 기업의 임원으로 있다가 대기업 임원으로 스카우트되어 제2의 인생을 살아가는 사람들, 지방대 출신이지만 스스로의 가치를 계속 업그레이드하여 최고의 직장에서 빛나는 대접을 받는 모든 사람이 처음엔 뱀의 꼬리에서 시작하여 용의 머리로 우뚝 선 이들이다.

즉, 내가 지금 어디에 있는가보다 중요한 것은 그 자리에서 내가 무엇을 하고 있는가이다.

기회라는 녀석은 두 가지 방법으로 만날 수가 있는데, 첫째 방법은 기회를 찾아 떠나는 것이고 둘째 방법은 그 기회를 끌어오는 것이다. 뱀의 꼬리에 있더라도 제대로 일을 배우고 실력을 키우다 보면 언제든 뱀의 머리를 뛰어넘어 용의 머리까지도 갈 기회를 만나게 된다. 기회를 찾아 떠나든 그 기회를 끌어오든 둘 중 하나는 할 수 있게 되는 것이다.

반대로 용의 꼬리에만 붙어 있기로 선택한 사람들은 오히려 그런 기회를 만날 일이 많지 않다. 일단 용의 꼬리가 되기로 선택했다는 것은 이미 그 자체를 기회로 여겼다는 뜻이기 때문에 굳이 새로운 기회를 찾아 나서거나 끌어올 필요가 없어지는 것이다. 어떻게든 그 안에서 답을 찾으려고 한다.

물론 이 선택도 나쁘지 않지만 한정된 기회를 향해 너무 많은 사람이 달려드는 형국이다 보니, 중간에 본인이 생각했던 기회를 잃게 되면 다른 기회들마저 만나기가 어려워질 수 있다. 좋은 직장을 다니다가 뜻하지 않은 시기에 명퇴 등의 이름표를 달고 나오는 사람들이 있는데, 이들 중 상당수가 밖에서 다른 기회를 잡지 못해 당혹스러운 상황에 놓이는 경우가 많다.

간혹 용의 꼬리로 있다가 뱀의 머리로 올라타는 사람들도 있다. 처음부터 그 생각을 가지고 용의 꼬리를 선택한 사람들도 있고 말이다. 나는 이 또한 훗날 용의 머리를 노려볼 좋은 방법이라고 생각한다. 하지만 이미 용의 움직임에 익숙해져 있는 사람들이 뒤늦게 이런 선택을 하기란 부담스러울 수 있다. 차라리 지금까지 올라타 있던 용의 머리만을 계속 쳐다보며 가는 게 안심이 되기 때문이다. 현재 상황이 아주 나쁜 것이 아니라면 굳이 부담을 안고 새로운 선택을 할 필요가 없다고 생각하는 이러한 '현상유지편향Status Quo Bias' 때문에 실제로 용의 꼬리에서 뱀의 머리를 좇아 이동하는 사람은 드문 편이다.

내 두 번째 직장은 규모로만 따지면 우리나라 생명보험사 중에서도 최하위권의 회사였다. 하지만 내겐 그곳이 기회의 땅이었다. 평범한 대학을 나와 영업만 하던 나는, 차별화된 역량을 키움으로써 교육 담당자라는 멋진 기회를 끌어왔고 좋은 멘토와 동료들을 만나 빠르게 성장할 수 있었다. 덕분에 그때의 경험들이 밑바탕되어 훨씬 규모가 큰 세 번째 직장(기회)을 찾아 떠날 수 있었던 것이다.

지금 자신이 어디에 있는지는 그리 중요하지 않다. 평범한 사람은 어디에 있어도 평범하다. 하지만 조금 특별한 꿈을 꾸고 싶다면 머물고 있는 자리에 만족하거나 실망하지 말고 언제든 멋진 머리가 될 수 있다는 가능성을 품고 내일을 준비해 나아가야 한다.

나도 당신과 멋진 '우두머리 파티'에서 만나고 싶다!

중간이면 충분하다

첫번째펭귄의 선택 13
꿈을 키워가는 데 필요한 밑천은 생각보다 얼마 되지 않는다. 그보다는 자신의 한계를 규정하지 않고 끊임없이 움직일 때 특별한 성공을 거둘 수 있다.

꽤 오랫동안 내 안에 자리하고 있던 콤플렉스가 하나 있다. 그것은 내가 '너무 평범하다'는 사실이었다.

초등학교 때부터 고등학교를 졸업하는 그 순간까지 성적은 언제나 중간에 머물렀고, 그 중간 성적으로는 이름 있는 대학에 갈 수가 없어 수도권에 위치한 후기대에 겨우 입학할 수 있었다. 성적뿐만 아니라 키도 늘 중간이라 고등학교 3학년 때는 50명 중 25번이었으며, 하다못해 100미터 달리기를 해도 중간 언저리에서 다른 친구들의 들러리 역할만 해왔다. 인간관계가 그리 나쁜 편은 아니었지만 초등학교 때 소풍을 가면 딱히 낄 만한 그룹도 없어 늘 누가 먼저 불러줘야 겨우 어울리곤 했던 기억이 난다.

군복무 시절도 마찬가지였다. 주변 사람들은 군생활도 특이한 데서 잘만 하던데, 나는 '군인' 하면 가장 먼저 떠올리는 '육군 보병 소총수'로 근무했다. 군인 중에서도 가장 평범한 군인이었던 것이다. 결정적으로 나는 우리나라에서 가장 흔하디흔한 '서울' 출신에 '김' 씨 성을 가진 '남자(우리나라는 남자가 여자보다 더 많다)'다.

이 정도면 태생적으로 정말 고집스럽게 평범한 인생을 살아온 것 같다.

20대 후반, 한참 취업을 준비하고 꿈에 대한 그림을 그려가고 있을 무렵, 나는 문득 이런 내 중간 인생이 너무 원망스럽게 느껴지기 시작했다. 평범한 인생도 사실은 얼마나 축복받은 것인지 몰랐던 당시에는 오랜 시간을 늘 중간에서만 머물러야 했던 내가 너무 초라하고 한심해 보였던 것이다. 공부를 비롯해 남들보다 특출하게 잘할 수 있는 것이 아무것도 없었고, 자기소개서를 고쳐 쓸 때면 참 재미없는 인생을 살았다는 회한에 한숨만 쏟아졌다. 조금만 더 하면 될 것 같은데 그 조금을 못하고 있으니 나중에는 열등감마저 밀려오는 듯했다.

2007년, 나는 외국계 보험사에서 은행 직원들을 대상으로 방카슈랑스 영업과 교육을 병행하고 있었다. 그리고 그때 난생 처음으로 '꼴등'이라는 성적표를 받아들었다. 그 성적은 몇 개월 동안 지속되었다.

물론 당시 내가 담당했던 은행만의 환경적 이유가 있긴 했지만, 실적이 곧 인격이 되는 영업조직에서 중요한 건 핑계가 아니라 오로지 결과였다. 그리고 그때 내가 가졌던 생각은 우습게도 '제발 중간만 했으면······' 하는 거였다. 평생을 중간에 끼어 있던 내가 정작 바닥까지 떨어져 마음고생을 하고 나니 그 중간이 얼마나 높고 벅찬 선이었는지를 그제야 비로소 느낀 것이다.

바로 그 시점부터 내 안에 있는 비범함을 찾기 위해 발버둥치기 시작했다. 밑바닥에서 중간쯤에라도 올라가기 위해 필요했던 건 남들도 가진 평범함이 아니라 아무도 시도하지 않은 특별함이었다.

누가 시키지도 않았는데 며칠 밤을 새며 나만의 차별화된 교안들을 개발했고 그 자료를 경쟁자인 동료들과 스스럼없이 공유함으로써 자연스럽게 그들이 내 자료를 들고 나가 교육을 진행할 수 있게끔 했다. 시장에서의 전체 파이(우리 회사 '영업교육'이 좋다는 업계의 소문)를 키우면 내가 먹을 수 있는 양도 그만큼 많아질 것이라는 생각이었다.

다행히 동료들을 통해 교육과 실적 모두에서 희망적인 피드백들이 이어졌고, 회사의 배려로 나 역시 좀 더 안정적인 은행을 맡아 중간을 뛰어넘는 상위 실적을 낼 수 있었다.

이쯤 되니 나도 모르고 있었던 내 가능성들이 보이기 시작했다. 그리고 기회는 거기서 멈추지 않았다. 얼마 지나지 않아 동료들 추천 덕에 아예 교육과 마케팅을 전담하는 자리로 이동할 수 있었고, 계약직이었던 신분이 정규직으로 전환되는 기쁨도 동시에 누릴 수 있었다. 불과 1년 전까시만 해도 맨 밑바닥에서 허우적거리며 계약 연장을 걱정해야 했던 내가, 이제 더 안정적인 위치에서 나만의 전문적인 역할을 맡아 조직에 공헌할 수 있게 된 것이다.

여기서 꼭 말하고 싶은 것은, 그 1년 사이에 내게 없던 능력이 새로 생긴 것이 아니라는 점이다. 일이 안 풀릴 때일수록 이런저런 방법들을 찾아 시도했던 것이 나도 몰랐던 내 가치를 발견하는 계기가 되었고, 마침 그 가치가 모두를 이롭게까지 하니 주변에서도 기꺼이 응원하며 함께 기회를 끌어당긴 것이라 본다.

자신의 한계를 규정하지 말아야 한다. 그렇게 할 때 점차 놀라운 일들이 일어난다. 반대로 자신의 한계를 규정하는 순간 우리는 절대 그 이상 커나갈 수 없는 평범한 사람으로 남게 된다. 성공한 사람들도 처음에는 대부분 평범한 환경에서 평범한 능력으로 시작한 이들이라는 사실을 잊지 말자.

물론 나는 아직까지도 내가 무척 평범하다고 생각한다. 하지만 거기서 멈추지 않고 나만의 특별함을 계속 찾아나가고 있는 중이며, 그래서 집필도 하는 것이다. 나는 누구나 평범함 속에 자신만의 비범함이 숨어 있다고 확신한다. 단지 그것을 발견하고 발견하지 못하고의 차이일 뿐인데, 당연히 발견의 의지가 강한 사람만이 비범함도 끌어올릴 수 있으리라 믿는다.

중간이면 충분하다. 당장 남들보다 특별한 것이 보이지 않는다 해서 뒤처질 이유는 전혀 없다. 혹시 자신이 중간보다도 못하다는 생각이 들면 조금 더 움직이면 된다. 그런 사람들이야말로 숨겨진 보물이 더 많다는 뜻이니, 결국 보물찾기에 대한 강한 의지만 있다면 누구나 자신이 올려다보던 그곳에 깃발을 꽂을 수 있을 것이다.

당신은 이미 그렇게 할 수 있는 특별한 사람이다.

운의 씨앗을 뿌려라

첫번째펭귄의 선택 14
커다란 성공은 뜻밖의 작은 인연에서 시작되는 경우가 많다. 선택의 기회를 많이
잡기 위해서는 평소 눈에 띄지 않는 사소한 일상에 남다른 관심을 가져야 한다.

막 군에서 제대를 했지만 복학 시즌을 넘긴 터라 한동안 집에서
컴퓨터 공부를 하며 시간을 보내던 시절이 있었다.

혼자 있는 방이 적적하기도 하고 해서 습관적으로 라디오를 틀어
놓았는데, 어느 날인가 나도 방송국에 사연을 보내보면 어떨까 하는
생각을 하게 되었다. 학교생활을 하거나 사람들을 많이 만나던 시기
가 아니었던지라 마땅한 에피소드를 찾지 못하다가 역시 군대 추억
이 가상 최근의 기억들이라 그중 하나를 적어 보냈다. 그때는 지금
처럼 인터넷에 사연을 올릴 수 있는 시절이 아니어서 일부러 엽서를
사다가 손글씨로 적어 보내야 하는 최소한의 수고가 필요했던 때다.

그렇게 며칠을 기다렸을까. 난생 처음 공중파 라디오에서 DJ의

목소리를 통해 내 이름을 들을 수 있었다. 정오에 하는 인기 프로그램인 만큼 사연들도 많아 사실 큰 기대는 안 했었는데, 정작 내 사연이 소개되니 상당히 낯설면서도 무척이나 반가웠다.

그렇게 해서 받은 선물이 청바지 교환권 한 장이었다. 다시 며칠을 기다려 도착한 그 교환권으로 어머니는 반바지 두 벌을 가져오는 저력을 발휘하셨다.

그렇게 한 번 공짜인생의 달콤한 맛을 보고 나니 이런 것도 특별한 사람들에게만 찾아오는 행운은 아니라는 것을 알게 되었다. 자주는 아니었지만 틈틈이 또 다른 운을 기대하며 씨뿌리기 작업을 이어갔다.

나는 KBS 〈이소라의 프로포즈〉, 〈윤도현의 러브레터〉, 〈유희열의 스케치북〉까지 내가 즐기던 음악 프로그램을 현장에서 볼 수 있는 기회들을 만들어갔다. 때때로 직접 갈 수가 없어 다른 사람들에게 나눠주는 여유까지 부리면서 말이다. 지난해에는 MBC 〈나는 가수다〉의 현장평가단으로 세 번씩이나 뽑혀 정상급 가수들의 공연을 생생하게 볼 수 있었고, 이 글을 쓰고 있는 현재도 유명 피자집의 명함 이벤트가 당첨되어 피자 한 판을 예약해두고 있는 상황이다.

내 생애 최고의 당첨 행운은 대학 3학년 때 찾아왔다. 도서관에서 시험을 준비하던 어느 날, 당시 사용 중이던 핸드폰 통신사로부터 전화가 걸려왔다. 몇 달 전 통신사를 바꾸어 새로 가입했는데, 마침 그 달에 가입했던 사람들 중 추첨을 통해 3박 4일 사이판 여행을 보내준다는 것이었다. 물론 내게 걸려온 것은 그 이벤트의 당첨 소식을 전하는 전화였다.

'오! 내게도 이런 일이!'

2학기 기말고사가 얼마 남지 않았을 때라 인간적인 고민이 '아주 잠깐' 있었지만 일생일대의 행운을 이대로 흘려버릴 순 없다는 생각에, 생전 처음 보는 또 다른 당첨자들과 함께 상상 이상의 럭셔리한 사이판 여행을 다녀오게 되었다. 덕분에 기말시험은 좀 어렵게 치렀지만 겨울에 홀로 시커멓게 탄 얼굴을 들고 다니며 한동안 친구들의 부러움을 잔뜩 샀던 유쾌한 추억이다.

과거, 나의 이런 이력을 잘 알고 있는 주변 사람들은 운이 참 좋다며 신기해하지만 사실 이 모든 행운은 내가 미리 뿌려두었던 씨앗의 열매들이다. 따로 신경 써서 방송국에 사연을 보내놓아야 초대받을 가능성도 있는 것이고, 오랫동안 사용하던 통신사를 바꾸는 불편함도 감내했기에 사이판 야자수에 장식된 크리스마스트리도 볼 수 있었던 것이다. 모든 것이 처음부터 씨앗을 뿌리지 않았다면 가질 수 없었을 그런 행운들이다.

영업이 잘되지 않을 때 실적이 넘쳐나는 선배들을 보면서 단지 저들의 운이 좋아서라 생각하며 시샘을 한 적도 있었다. 똑같은 상품을 들고 나가 똑같은 말을 하고 오는데, 결과는 다르게 나오니 운 말고는 설명할 길이 없어 보였기 때문이다. 하지만 시간이 지나서야 알게 되었다. 선배들은 선배들 나름대로 운의 씨앗을 뿌리고 있었던 것이다.

그들은 지금 당장 실적으로 연결되지 않더라도 다양한 모임에 나가 일정한 역할을 하고, 기존 고객들의 불편한 점은 없는지 수시로 챙기며 그들과의 신뢰를 쌓아갔다. 힘들게 일한 뒤에도 주말엔 자격증 학원을 다니며 열정적으로 자기계발을 해나갔고, 틈날 때마다 골프를 배우며 VIP고객들과 만날 기회를 만들었다.

그런데 우리 주변엔 운의 씨앗을 뿌리기는커녕 밭도 돌보지 않으며 사는 사람들도 많다. 중요한 회식 자리마다 참석하지 않고, 주변 사람들 경조사에 통 무관심하며, 어떻게 해야 다른 사람들한테 일을 떠넘길까만 생각하는 사람들이 바로 그들이다. 새로운 배움을 찾아 공부하지 않고 낯선 일에는 눈길도 주지 않는 행동들 역시 아예 운의 씨앗을 뿌리지 않겠다는 강력한 의지의 표현이다.

이처럼 인생을 살아가며 마땅히 뿌려야 할 운의 씨앗들은 사이판 여행에 당첨되거나 라디오 사연에 뽑히는 것과는 비교도 할 수 없을 만큼 커다란 열매를 거둘 가능성이 크다. 그럼에도 불구하고 우린 종종 이러한 작업들을 무시하며 살아간다.

당장의 열매는 보이지 않는 소소한 일들일 수 있지만 이 작은 관심들로부터 운은 싹트기 시작한다. 들판의 잡초도 바람에 흩날려 뿌려진 이름 모를 씨앗이 있었기에 그 존재를 드러낼 수 있는 것처럼, 우리는 나 자신과 주변에 운의 씨앗을 끊임없이 뿌려놓아야 한다.

성공한 사람들은 운도 실력이라는 말을 한다. 우연히 찾아오는 듯한 행운도 알고 보면 미리 운의 씨앗을 뿌려둔 사람들한테나 돌아가는 전리품이라는 사실을 그들은 이미 알고 있는 것이다.

성공을 원한다면, 그리고 꿈을 이루고 싶다면 더 많은 운의 씨앗들을 뿌려보자. 뜻밖의 순간에 상상하지 못한 행운이 당신에게 찾아와 성공을 도울 것이다.

또 다른 정상을 향하여

첫번째펭귄의 선택 15

정상에 오르면 더 많은 정상을 눈앞에서 보게 마련이다. 그런데 오르고 싶지만 이미 시간과 체력이 부족해 그 자리에 주저앉아야 하는 경우가 허다하다.

미국의 제40대 대통령 로널드 레이건은 배우 출신이다. 지금은 정치인으로 더 유명해진 안철수 전 서울대 교수도 의사 출신의 기업가라는 독특한 이력을 가지고 있다. 씨름판의 황제였던 강호동은 예능계의 천하장사로 우뚝 선 지 오래고, 젊은 구글러 김태원은 바쁜 직장생활 중에도 책을 쓰며 강연을 다니는 인기 강사다.

남들은 평생 하나의 일만 하고 살아도 벅차 죽을 지경인데 이들은 어떻게 다양한 분야에서 자신의 진가를 발휘하며 살아갈 수 있는 것일까.

나는 결국 어떤 꿈을 꾸며 산을 오르느냐에 그 차이가 있다고 본다. 보통의 사람들은 현재 자신이 몸담고 있는 분야의 정상에 서는 것을 '평생의 꿈'으로 삼는다. 직장인이라면 임원 직함을 달고 퇴직하는 날을 꿈꾸고, 군인이라면 별을 달고 전역하는 날을 꿈꾼다. 부모에겐 자녀의 성공이 곧 본인의 평생 꿈이 되고, 취업 준비생은 어디 들어가기도 전부터 평생직장을 꿈꾸며 상상의 나래를 펼친다. 모든 사람이 '단 하나'의 정상에 자신의 평생을 걸고 사는 것이다.

사실 어떤 산에 오르든 정상에 선다는 것 자체가 쉬운 일은 아니지만, 어쨌든 내 평생을 통해 이루면 되는 꿈인지라 꿈의 스케줄 자체가 촉박하지 않은 편이다. 현재 오르고 있는 산만 정복하면 되니 오늘도 내일도 가던 길만 가면 되는 것이다. '한 우물을 파라'는 격언도 있고, 실제로 평생을 한 분야에 매진해서 인류를 윤택하게 한 위인들도 많은 걸 보면 이처럼 단일화된 꿈 체계를 나쁘다고만 볼 순 없다.

문제는 앞으로의 시대 자체가 한 우물만 팔 수 있게끔 협조를 잘 안 해주는 세상이라는 점이다. 통섭의 과학자로 유명한 이화여대 최재천 교수는 이렇게 말했다.

"인생 백세 시대에, 20대 초반 대학 4년 동안 배운 것만 가지고는 노동 인생 60년을 버틸 수 없다. 모두가 직업을 대여섯 차례씩 바꾸며 사는 시대가 오고 있다. 한 우물만 파고 살 수 있는 시절은 갔다."

맞는 말이다. 내가 아무리 평생직장을 꿈꿔도 그렇게 하기엔 힘든 세상이 왔다. 한 가지 배움과 한 가지 능력, 그리고 한 가지 꿈만으로는 우리에게 예약된 기나긴 인생을 온전히 채워나갈 수 없게끔 되어 있다는 얘기다.

40대 중반만 넘어가도 직장에서 언제까지 생존할 수 있을지 가늠

하기 힘들고, 운이 좋아 남들보다 조금 더 일한다 하더라도 30년 이상의 노후를 무엇을 하며 보낼지 막막하기만 하다. 사실 그렇게 멀리 내다보지 않더라도 우리 주변에서는 이미 '회사 탈출'을 위해 준비 운동 중인 동료들을 심심치 않게 볼 수 있다.

물론 어떤 사람들은 나중에 혹시 두 번째, 세 번째 산을 오르게 되면 그때 가서 모든 걸 다시 시작하면 된다고 말하지만 그게 그렇게 말처럼 쉬운 일이 아니다. 일찌감치 여러 개의 산을 오를 수 있다는 가능성을 가지고 움직이는 사람과, 일단 눈앞에 있는 산을 정복하는 데만 신경 쓰다 '나중에 봐서' 다른 산도 올라보겠다고 생각하는 사람은, 평소 학습의 범위와 사고의 확장성이 확연히 다를 수밖에 없다. 당연히 두 번째 산을 정복할 수 있는 확률에서 차이가 나게 마련이다.

마케팅 전문가의 꿈을 키우는 사람은 영업을 하면서 고객 미팅 때마다 꼼꼼히 사례를 모아두고, 언젠가 자기 책을 써봐야겠다고 생각하는 사람은 매일의 업무를 일지에 기록하며 그날을 준비한다. 어느 날 갑자기 마케팅 전문가가 되겠다거나 책을 써보겠다고 달려드는 사람과는 꿈을 이룰 확률 자체가 다른 것이다.

이제 우리는 언제든 새로운 산에 오를 준비를 해야 한다. 과거 우리 선배들이 눈앞에 있는 하나의 산만 열심히 올라도 꽉 찬 인생을 살 수 있었다면, 우리는 몇 개의 산을 연달아 혹은 동시에 오를 각오로 현재를 살아야 한다. 지금 하고 있는 공부나 업무가 또 다른 분야와 융합될 수 있는지, 내 능력들이 다른 사람들에게 영향을 끼칠 수 있는지 항상 고민하고 찾아봐야 한다.

그렇다고 매번 정상까지 가지도 못하고 이것저것 기웃거리기만 하는 것 또한 경계해야 할 모습이다. 정상에 오르는 습관을 들여놓지 않는 사람은 아무리 많은 산을 오르내린다 해도 알맹이 없는 사람이 되기 십상이다. 다양한 산 입구를 구경하는 것이 한동안 재미는 있을지 몰라도 결국 깊이가 없으면 꿈을 이루는 데도 체력이 달릴 수밖에 없다.

미국의 소설가이자 사회비평가였던 마크 트웨인은 이런 말을 남겼다.

"지금으로부터 20년 뒤, 우리는 한 일보다 하지 않은 일 때문에 후회를 할 것이다."

사람들이 '버킷리스트'에 목을 매는 이유도 그만큼 못해본 것들에 대한 아쉬움이 크기 때문이다.

오를 수 있을 때 오르자. 더 이상 오를 힘이 없을 때 외로운 정상에 갇혀 먼 산만 바라보지 않으려면 오를 수 있을 때 부지런히 올라야 한다. 우리는 생각보다 많은 정상을 밟으며 즐거운 인생을 살아갈 수 있다.

CHAPTER 4
함께 살아가기를
선택하다

자유는
아름다워야 한다

첫번째펭귄의 선택 16

나의 삶은 언제나 또 다른 누군가의 그것과 필연적으로 연결된다. 모든 것을 내 멋대로 선택하려는 순간, 질서는 깨지고 갈등과 상처가 관계를 병들게 만든다.

놀랍게도 자유의 본질은 그리 아름답지 않다. 여기서 말하는 자유의 본래 모습이란 '벌거벗은 자유'다. 세상의 그 어떤 상황과 존재에도 영향을 받지 않고 오직 '내 마음대로' 행동하는 것이 자유의 본질인 것이다. 물론 국어사전에서 정의하는 자유의 의미도 이와 크게 다르지 않다.

자유自由 : 외부적인 구속이나 무엇에 얽매이지 아니하고 자기 마음대로 할 수 있는 상태

내 생각에, 인류 역사상 가장 완벽한 자유를 누렸던 이들은 에덴

동산에서 살았다는 아담과 하와뿐이다. 하지만 그들마저도 마음대로 선악과를 따 먹다가 결국 동산에서 쫓겨나는 아픔을 겪었다. 그때 그들은 깨달았을 것이다. 세상에는 자신들이 지켰어야 할 자유가 따로 있었다는 것을……. 그리고 그것이 바로 자신들이 선택했어야 할 진짜 자유였다는 것을 말이다.

다시 말하지만 자유의 본질은 아름답지 않다. 하지만 그 자유에 관습과 법이 입혀지고 배려와 존중이 스며들면서 사람들은 '아름다운 자유'의 가치를 즐길 수 있게 되었다. 그것이 모두 함께 살아가기 위해 선택해야 할 본질이라는 사실을 배워가기 시작한 것이다. 지금도 세계 곳곳에는 이 아름다운 자유를 박탈당한 수많은 사람이 소중한 가치를 되찾기 위해 목숨을 바치고 있다. 우리나라 역시 한때 일본의 식민지로 억눌려 살며 아름다운 자유를 빼앗긴 가슴 아픈 역사가 있다.

그런데 오늘날 이 땅에서도 간혹 아름다운 자유가 아닌 벌거벗은 자유를 선택하려는 사람들이 있다는 사실에 우리는 종종 놀란다. 내 마음대로, 내가 원하니까, 내가 하고 싶은 대로 다 하며 사는 것을 진짜 자유로 오해하는 사람들이 있는 것이다.

매일같이 어디선가 벌어지고 있는 흉악범죄는 벌거벗은 자유를 누리려는 이들의 속성을 그대로 보여주며, 이런저런 이유로 자살하는 행동들 역시 자신의 생명에 그와 같은 자유를 적용하여 주변에 또 다른 고통을 심어놓는 안타까운 사례들이다. 하지만 이런 극단적인 자유주의자(?)들만이 벌거벗은 자유를 외치고 있는 것은 아니다. 그저 죄 없이 살아가고 있는 듯한 평범한 우리도 가끔은 일상 속에서 이런 자유를 선택하길 마다하지 않기 때문이다.

내 마음대로 사람들에게 거짓을 말하고, 내 마음대로 가족에게 상처가 되는 말을 하며, 내 마음대로 아랫사람을 업신여기려 한다. 도로 위에선 무개념 운전자들이 너무도 당당히 제멋대로 운전을 하고, 학생들은 스승을 업신여기는 데 스스럼이 없다. 모두가 자신이 내키는 대로 살고자 하는 의지의 표현이다.

어디 그뿐인가. 다양한 집단이 자신들의 정당성만 주장하며 법을 무시하는 행동도 불사하고, 인터넷에는 타인에 상처를 입히며 자신의 자유를 누리려는 목소리로 가득하다. 그리고 이런 행동들을 제한하려 들면 '자유를 강탈한다'고 생각한다.

나는 이 점이 특히 우려스럽다. 아름다운 자유를 지키기 위해 벌거벗은 자유를 이용하겠다는 생각은 비교적 안정적인 질서를 유지하고 있는 사회에서는 상당히 위협적인 선택일 수 있기 때문이다.

자유는 아름다워야 한다. 특정 세력의 이익 때문에 내 자유가 침해되는 것은 부당하며, 마찬가지로 나의 자유를 표현하기 위해 타인의 자유와 인격을 모독해서도 안 된다. 그래서 벌거벗은 자유는 마치 우리가 영원히 따 먹지 말아야 할 선악과와 같다. 당장 보기에 좋고 맛도 있어 보이지만 결국 우리의 에덴동산을 죽음의 땅으로 몰아가는 행동이며 나의 아름다운 자유마저 그 가치를 잃게 만드는 최악의 선택이다.

운전대만 잡고 도로에 있다고 해서 운전을 잘하는 것은 아니다. 내 차가 움직일 때 주변의 다른 차들이 어떻게 움직이는지도 함께 잘 살펴야 한다. 그런 습관을 가져야만 운전자들끼리 통하는 에티켓도 배울 수 있고 전체 도로 흐름을 읽어내어 나 또한 가던 길을 더 원활히 갈 수 있는 것이다. 이런 것을 모르고 내 마음대로 도로만 휘젓고 다니는 사람은 자유인이 아니라 그저 무법자일 뿐이다.

우리는 아무도 없는 무인도에서 혼자 살아가는 존재가 아니다. 내 옆엔 늘 나와 생각이 다른 타인과 나보다 힘없는 이웃들이 존재한다. 이들과 나는 공존해야 한다. 그리고 나에게는 그들의 자유까지도 지켜주고 존중해야 할 책임이 있다. 가끔은 하고 싶은 말과 하고 싶은 행동마저도 그들을 배려하여 절제할 줄 알아야 이 땅에 뿌리박은 선악과를 지켜낼 수 있는 것이다. 그것이 함께 살아가기를 선택한 우리가 보여줘야 할 아름다운 자유의 모습이다.

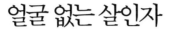

얼굴 없는 살인자

인터넷 댓글 하나에 사람이 살고 죽는 시대다. 아무리 정의로운 동기를 가지고 올린 글일지라도 그 안에 칼을 숨겼다면 그것은 이미 살인 행위다.

내가 처음 스마트폰을 사용하게 된 결정적인 이유는 SNS 때문이었다. 예전부터 일기 같은 건 잘 못 써도 순간순간의 생각들을 메모하는 것에 흥미를 느꼈던 나에게, 모르는 사람들과 친구를 맺어가며 단문을 통해 일상을 나누는 일은 무척 매력적이었다.

그랬음에도 불구하고 지금은 트위터 개인 계정이 아니라 오로지 '첫번째펭귄'이라는 브랜드 계정만을 열어 비즈니스 채널의 소통을 하고 있다. 뒤늦게 시작한 페이스북 역시 트위터와 마찬가지로 동명의 페이지를 따로 열어 나를 대표하고 있다. 물론 내가 이처럼 제한적으로 SNS를 활용하게 된 데에는 나름의 이유가 있다.

어느 날 오랜만에 포털사이트 토론방에 들어갔다가 얼굴만 찌푸린 채 금세 창을 닫고 나온 적이 있다. 명색이 토론방임에도 불구하고 내용에 충실한 토론은 온데간데없고 '누가 누가 욕을 잘하나?'의 각축장이 돼버렸기 때문이다.

이미 본래의 토론 이슈가 사라진 지 오래였다. 그보다는 상대방의 자존심을 더 기가 막히게 건드리고, 더 훌륭하게 빈정대며, 더 냉소적으로 표현할 줄 아는 사람이 토론방의 승자가 되는 것처럼 보였다. 그 토론에 참여하고 있는 일부 사람들에게는 자신과 생각이 다른 모든 네티즌이 악마였다. 토론방은, 마치 세상은 온통 불공평하고 불행한 일들뿐이라고 생각하는 사람들과 손에 무기만 안 들었지 누군가 죽이지 못해 환장한 사람들만 모여 있는 공간 같았다. 그런 난장판을 계속 들여다보고 있다가는 나 역시 미칠 것만 같아 이후로는 절대 인터넷 토론방에 들어가지 않는다.

이런 인터넷 토론방 말고도 요즘은 트위터나 페이스북 같은 SNS가 비슷한 장을 만들어주고 있는 듯하다. 물론 지금도 원래의 목적대로 자신의 소소한 일상을 남기며 건강하게 소통하는 사람들이 훨씬 많긴 하지만, 소수의 그릇된 유저들이 전체 분위기를 흐려놓을 때가 있음은 못내 아쉽기만 하다. 그들의 선택으로 유발되는 불필요한 감정 소비를 최소화하기 위해서라도 나 역시 개인적인 SNS 사용은 많이 조심하고 있는 편이다.

소위 악플러들은 자신의 욕구불만을 건강하게 해소하지 못한 채 감정적이고 무차별적인 글들로 누군가에게 상처를 주며 자신을 드러내고 싶어 한다. 간혹 그럴듯한 신념들이 보이기도 하지만 그것은 단지 자신의 표현을 정당화하기 위한 방패막이일 뿐이다. 그들은 지금 자신의 공격을 받아주고 그 공격에 반응해줄 누군가를 필요로 한다. 내재되어 있던 불만과 짜증들이 하나의 만만한 '씹을 거리'를 만나면 묵혀두었던 감정이 폭발하고 마는 것이다. 이 또한 알고 보면 벌거벗은 자유를 선택한 이들의 한 유형이다.

악플이란 단순한 욕설 혹은 사람을 죽음으로 몰고 가는 댓글만을 의미하지는 않는다. 오히려 친한 사이끼리는 조금 거친 표현 자체가 정감을 나타내는 그들만의 신호가 되기도 한다. 하지만 내가 욕하고 있는 상대방을 지금 당장 만나서 눈을 마주보며 똑같은 수위의 감정과 언어로 옮길 수 없는 글이라면, 그리고 실제로 용감하게 그 말을 옮겼더라도 상대에게 상처를 주는 글이라면 그 모든 댓글은 악플이다.

일반적인 한국 사람이라면 예의 때문이든지, 어색함 때문이든지, 혹시나 하는 염려나 소심함 때문에라도 처음 만나 마주하는 누군가에게 욕설은 둘째치고 다짜고짜 비판을 쏟아낼 사람은 많지 않다. 내가 비판하는 사람이 아무리 나와 생각을 달리하더라도 실제로 눈앞에서 마주하자면 아무래도 일단 주저하게 되는 것이 보통의 사람이다. 그럼에도 불구하고 어떤 이들은 얼굴이 보이지 않는 공간이라는 점을 악용해 자신의 감정을 너무도 쉽게 쏟아내는 선택을 하고있으니, 설령 그것이 정당한 비판의식에서 출발한 글일지라도 결코 존중받지 못할 비겁한 행동에 불과하다.

건강한 비판과 건강한 의견 교환은 개인과 사회 모두를 성장시킨다. '내가 하는 말은 말이 아니다. 상대방이 듣는 말이 말이다'라는 말이 있다. 상대가 습관적으로 비꼬아 듣는 사람이 아닌 한 우리는 내가 하는 말보다 상대방이 듣는 말에 좀 더 세심한 배려를 해야 한다는 의미다. 특히 인터넷을 통해 누구나 쉽게 '공개글'을 쓸 수 있는 요즘 같은 세상에서는 이러한 배려가 함께 살아가기를 선택한 우리 사이에 당연히 지켜져야 할 책임이다.

컴컴한 방구석에 숨어 키보드를 두드리며 누군가에게 크고 작은 상처를 주는 것은 정도를 떠나 그 자체가 얼굴 없는 살인행위다. 그런 행동은 세상을 구하지도, 정의를 구현하지도 못할뿐더러 상대방뿐만 아니라 궁극적으로는 자신의 영혼까지도 죽게 만드는 어리석은 선택이다.

색안경을 내려놓다

첫번째펭귄의 선택 18
균형 잡힌 선택은 균형 잡힌 시각에서 출발한다. 보고 싶은 것만 보고 듣고 싶은 것만 듣게 되는 순간 우리는 반쪽짜리 선택을 피할 수 없다.

심리학에 '확증편향Confirmation Bias'이라는 말이 있다. 자신의 신념을 지지해줄 증거만을 찾거나 반대로 내 신념에 상처를 줄 만한 증거는 무시해버리고 왜곡시키려는 경향을 말한다. 쉽게 말해, 보고 싶은 것만 보고 듣고 싶은 것만 듣기를 선택한다는 얘기다. 설사 자신의 신념에 어긋나는 정보를 보고 듣더라도 그마저 내게 유리한 쪽으로 해석해버리기 때문에 확증편향에 심각한 수준으로 빠져들면 그 순간부터는 사실관계보다 기 싸움이 중요해지게 된다.

그래서 확증편향에 빠져 있는 사람들은 편 가르기에 능하며 더 많은 사람을 자신의 신념에 동참시키기 위해 선동을 마다하지 않는다. 자기 주변에 많은 사람이 함께한다는 사실 자체만으로도 자신의 신념을 더욱 확고히 만드는 동시에 다른 편에 서 있는 사람들에게 결코 밀리지 않겠다는 의지를 보여줄 수 있기 때문이다.

이런 확증편향이 자주 목격되는 곳이 바로 정치판이다. 특히 우리나라처럼 이념에 따른 의견 대립이 심한 나라는 '합의'라는 것을 보기가 하늘의 별 따기보다 어렵고, 일부 이념이 뚜렷한 언론사들은 자신들에게 유리한 여론을 형성하기 위해 기꺼이 소설가가 되어 다양한 이야깃거리들을 생산해낸다. 확증편향에 빠지면 무조건 이겨야 하는 싸움이 되기 때문에 양보나 포기란 있을 수 없는 일이 돼버리는 것이다.

따라서 이들에게는 누가 더 힘센 패거리를 만들어 분위기를 끌어올 수 있느냐가 중요해진다. 그 분위기를 끌어오기 위해서 사실을 분별하는 능력보다 사실처럼 믿게끔 만드는 능력에 더 박수를 쳐준다. 어쩌다 토론방송에서 마주할라치면 절대 만날 수 없는 평행선만을 달리며 결론 없는 논쟁을 이어가기도 한다.

이때 흥미로운 점은 이들의 열성 지지자들 또한 SNS를 도배하며 '집단 확증편향'의 전형을 보여준다는 사실이다. 출처도 사실관계도 불분명한 다양한 콘텐츠들을 자신들의 주장을 뒷받침할 '믿을 만한' 증거 자료로 내세우면서 그들 역시 절대 물러설 수 없는 전쟁을 함께하는 것이다.

이런 확증편향이 우리 삶 주변에 나타나면 그 폐해는 더 구체적으로 다가온다.

부푼 꿈을 안고 사업을 시작하려는 사람은 자신의 장밋빛 미래를 확신시켜주는 이야기만 듣다가, 한 발짝만 떨어져서 살폈더라면 충분히 알 수 있었던 위협요인을 대비하지 못해 곤경에 빠지곤 한다. 쉽게 사기를 당하는 사람들의 공통점은 사기꾼들이 들려주는 달콤한 언변에 넘어가 어느 순간 사기꾼보다 더 강한 확신을 갖는다는 것이다. 지나치게 강한 세계관을 가진 부모는 자녀가 자신의 생각에서 조금만 비껴나도 용서하지 못한다. 이처럼 특정한 사안에 대해 확증편향이 생기면 다른 생각을 가진 사람들의 이야기가 들리지 않으므로 판단에 오류가 생겨도 쉽게 그 길을 벗어나지 못한다.

간혹 확증편향은 '긍정 마인드'라는 가면을 쓰고 나타나기도 한다. 2012런던올림픽 축구 경기를 들여다보자.

올림픽이 시작될 무렵, 대한민국 축구대표팀은 멕시코, 스위스, 가봉으로 구성된 죽음의 B조에서 8강 진출을 향한 험난한 여정을 시작했다. 어느 한 국가도 만만한 팀이 없었고 오히려 한국의 8강 진출을 부정적으로 바라보는 해외 전문가들이 더 많았을 때다. 하지만 다행히 조 2위라는 우수한 성적으로 8강에 진출, 축구종가이자 홈팀인 영국을 맞아 승부차기까지 가는 대접전 끝에 올림픽 역사상 처음으로 4강에 진출하는 기염을 토해냈다.

그렇게 4강까지 올라가 만난 상대가 세계 최고의 축구 실력을 자랑하는 브라질이었다. 사실 객관적인 데이터만 놓고 보면 누가 봐도 한국은 브라질의 상대가 안 되었다. 하지만 이미 죽음의 조를 뚫고 8강에 올라와 역사상 최강의 멤버로 구성되었다는 영국마저 이기자 대한민국 국민들에게 데이터 따위는 더 이상 중요하지 않았다. 오히려 영국을 꺾은 그 기세로 브라질을 이기는 것도 충분히 가능해 보였고, 나를 비롯한 많은 축구팬은 이미 대한민국의 결승전 시나리오를 예상하기에 바빴다.

그러나 현실은 냉혹했다. 브라질의 화려한 경기력에 대한민국 골대는 수시로 열렸고 우리는 한 골도 넣지 못한 채 결국 0:3이라는 큰 점수 차로 패했다. 이미 우리 축구대표팀이 대단한 성과를 거두었음에도 결승전까지 꿈꾸고 있던 대한민국 축구팬들은 실망감에 빠져들었다.

하지만 경기 내용이 말해주듯 실제로 양팀의 실력 차이는 꽤 컸다. 이미 해외 대다수의 축구팬이 비슷한 예상을 내놓고 있었지만 집단적으로 긍정 마인드에 사로잡힌 우리나라 국민들만큼은 대한민국 축구대표팀이 결승전에 오르리라는 일시적인 확증편향에 빠져 있었던 것이다. 대한민국이 결승전에 올라갔다면 그야말로 세계가 깜짝 놀랄 만한 사건이었겠지만, 반대로 우리 축구팀이 브라질에 졌다고 해서 그렇게 충격적이거나 실망할 일은 아니었다는 얘기다.

물론 이 사례는 온 국민이 행복한 꿈을 꾸게 해주었고 그 꿈이 깨진 순간에도 어떤 누군가에게 큰 피해를 준 것도 아닌 만큼 그리 부정적으로 바라볼 확증편향은 아니다. 하지만 이와 달리 우리 사회 전반에 퍼져 있는 다양한 확증편향들은 이 시대를 함께 살아가고 있는 이웃들에게 나만이 옳다는 식의 그릇된 모습을 강요하며 분열을 초래한다. 이러한 현상에 빠지지 않기 위해서는 언제나 나와 다른 생각을 가진 사람들의 이야기에도 귀를 열 줄 알아야 하고, 혹시나 내가 못 보고 있는 면은 없는지 항상 유의하며 한 걸음 떨어져 세상을 바라볼 수 있어야 한다.

단, 확증편향에 빠지지 않고 객관성을 유지한다거나 중립적인 입장을 취하라는 것이 꼭 정중앙에 서라는 의미는 아니다. 사람이라면 누구나 자신만의 신념이 있고 그 신념을 따라 오랜 시간을 살아가다 보면 어느 순간 한쪽 편에 서 있는 자신을 발견하게 된다. 그러나 확증편향처럼 아예 다른 것은 보지도 듣지도 않고 오직 고집스러운 틀로만 다른 사람들을 재단하려는 것은 상처와 분열을 남길 수 있으므로 선택에 주의를 기울여야 한다.

어느 한편에 서 있더라도, 그리고 그 신념으로 꿈을 꾸며 살아가더라도 내가 틀릴 수 있고 다른 사람이 옳을 수 있다는 가능성을 늘 중심에 품고 있어야 한다. 그렇게만 된다면 우리는 타인과 섞여 살아가면서도 얼마든지 균형 잡힌 선택을 해나갈 수 있다.

정과 민폐 사이

지금은 이사를 간 예전의 우리 아랫집 이웃 이야기다. 내가 살고 있는 곳은 오래된 아파트인데, 그중에서도 우리 집은 중간층에 위치해 있다. 그런데 언제부턴가 베란다 쪽 창문을 열어놓으면 상가喪家나 제사상에서 나는 특유의 '향香' 냄새가 올라왔다. 알다시피 적절한 장소나 행사가 아니면 평소 꾸준히 맡아서 기분 좋을 만한 그런 냄새는 아니다.

그나마 창문을 거의 닫아놓고 사는 겨울에는 참을 만했지만, 창문을 열어놓고 사는 여름이 되면 불쾌한 향이 베란다 창문을 타고 올라와 우리 집 거실을 초토화했다. 특히 우리 가족은 거실에 상을 차려 저녁식사를 하는 경우가 많은데 유독 그 시간이면 더 강해진 향이 밥숟가락에 함께 얹혀 목으로 넘어가야 했으니, 하루 이틀도 아니고 솔직히 미칠 것만 같았다. 그러면서도 바로 아랫집 이웃이라 웬만하면 참고 사는 게 나을 듯싶어 그렇게 1년여를 조용히 살았다.

다음해 여름까지도 우리 가족은 여전히 매일 저녁 똑같은 향에 취해 살아야 했고 이제는 아예 두통에 시달려야 했다. 설상가상 베란다에 널어놓은 빨래에 냄새까지 배게 되자 이대로는 안 되겠다 싶어 아랫집을 방문해 대화를 시도해보기로 했다. 이참에 그 알 수 없는 향의 정체가 대체 무엇인지도 꼭 밝혀낼 작정이었다. 나는 초인종을 눌렀다.

"누구세요?"

"실례합니다. 위층에서 내려왔어요."

"무슨 일이죠?"

40대 중반의 남자가 얼굴을 불쑥 내밀며 퉁명스럽게 물었다.

"네, 실은 이 댁에서 매콤한 향이 매일 저희 집으로 올라오는 것 같아서요. 그 냄새가 저희 빨래에 스며들고 거실까지 가득 메우고 있어서 무슨 일인가 하고 잠시 찾아뵀습니다."

그 집 입장에서는 당연히 기분 좋은 방문은 아닐 테니 나는 최대한 공손하게 내 방문 목적을 밝혔다. 그런데 집주인 남자는 갑자기 버럭하더니 다짜고짜 소리를 높였다.

"집에 벌레가 있어서 약 좀 피웠어요! 왜요? 내 집에서 내가 벌레 약도 못 피워요?"

순간 '아차!' 하는 생각이 들었다. 이 사람은 이런 식의 대화가 통하지 않을 것임이 단번에 느껴졌다. 그래도 내려온 김에 할 말은 해야겠다 싶어 다시 한 번 이야기를 꺼냈다.

"혹시라도 기분 나쁘셨다면 죄송합니다. 물론 그런 거야 선생님 마음대로 하셔도 되겠지만요. 일단 향 자체가 일반적인 벌레약 냄새가 아닌 데다가 그게 저희 집 거실까지 들어오고 있으니 조금만 신경 써주십사 하고 말씀드리는 거예요."

말은 최대한 예의를 갖춰 하고 있었지만 이미 내 표정도 굳어 있기는 마찬가지였다. 그 와중에도 그 남자는 나보고 들으라는 듯 고개를 돌리면서 혼잣말로 다시 중얼거렸다.

"내가 내 집에서 약도 피우지 말라는 거야, 뭐야!"

난 더 이상의 대화가 의미 없다는 것을 깨닫고 그냥 돌아가기로 했다. 어차피 더 따져봐야 감정의 골만 깊어질 게 뻔했다.

"암튼 저녁에 실례가 많았습니다. 앞으로 조금만 신경 써주세요."

물론 그쪽은 대꾸도 없이 문을 쾅 닫아버렸다. 예상대로 상황 역시 달라지지 않았다. 좁은 엘리베이터를 탈 때마다 서로 불편한 사람이 생겨버렸다는 것 외에는…….

몇 개월 후 그 집은 이사를 갔고 곧 다른 이웃이 들어와 다행히 불쾌한 향은 더 이상 맡지 않아도 되었다. 그때 그 집 남자를 떠올리면, 세상은 역시 다양한 사람들의 선택과 맞물려 살아야 하는 곳이라는 걸 새삼 깨닫는다.

'과연 어디까지가 정情으로 이해될 수 있는 부분이고, 어디까지를 민폐民弊라 생각해야 하는 걸까?'

누군가와 함께 부딪치며 살아가야 한다는 것은 때론 서로에게 영향을 미치는 선택들을 하게 될 수도 있음을 의미한다. 그런데 그런 선택들 중에는 서로 자연스럽게 용인되며 정으로 받아들일 수 있는 부분이 있는가 하면, 반대로 민폐라는 인식을 불러일으키는 부분도 있게 마련이다.

문제는 그 경계선이 사람마다 조금씩 다를 수 있기에 간혹 위와 같은 갈등이 야기되곤 한다는 것이다. 아랫집 남자 입장에서는 자기네 집 벌레를 내쫓기 위한 정당한 방편이니 윗집도 충분히 이해해줘야 한다고 생각했던 것이고, 반대로 나는 다른 방법들을 사용해볼 수도 있는 문제인데 굳이 이웃에 불편함을 주면서 고집부리는 그 사람이 못마땅했던 것처럼 말이다.

나는 이 책의 원고 대부분을 서울 서초동 국립중앙도서관 디지털도서관에서 집필했다. 그런데 그곳에서도 집에서 겪었던 것과 비슷한 소동이 벌어졌다. 한 중년 여성이 자기 노트북에 무슨 이상이 생겼는지, 지인과 통화를 하는 상황이 이어지고 있었다. 아무리 말소리를 작게 한다고는 하나 워낙 조용한 공간이다 보니 나를 포함한 주변의 모든 사람이 쳐다보지 않을 수 없었다.

내 관점에서 보면, 그 여성은 예전 우리 아랫집 남자와 비슷한 선택을 하고 있었다. 이번에는 내가 아닌 대학생쯤으로 보이는 한 남자가 대신 악역을 맡아주었다.

"아주머니! 여기서 이렇게 통화하시면 안 돼요!"

"네, 죄송해요. 잠시만…… 어, 그래서? 뭐라고?"

그 아주머니는 지금 수십 명의 다른 이용자가 자신을 쳐다보고 있다는 사실엔 아랑곳하지 않고 통화를 계속 이어갔다. 하지만 역시 젊을수록 거침이 없는 법. 남학생은 거기서 멈추지 않았다. 여전히 나 몰라라 통화 중인 여성의 어깨까지 톡톡 쳐가며 다그쳤다.

"아뇨! 저한테만 죄송해하실 게 아니라요. 지금 여기 계신 분들한테 다 피해를 주고 계시잖아요. 저쪽에 나가서 통화하셔야죠."

"아이, 참! 알겠어요! 나가면 될 거 아니에요!"

여성은 그렇게 나가면서도 전혀 미안함 같은 건 느끼질 못하는 듯했다. 오히려 이 정도도 이해해주지 못하냐는 표정으로 노트북을 싸들고 휙 나가버렸다.

과연 그 정도는 우리 모두가 너그럽게 이해하고 넘겨줄 수 있는 것이었을까, 아니면 남학생의 행동이 마땅한 것이었을까?

딱히 무거운 범죄 행위는 아닌 것 같으면서도 위와 비슷한 행동들로 우리 주변을 불편하게 만드는 사람들이 종종 눈에 띈다. 특히 요즘은 과거와 달리 시답지 않은 갈등들이 큰 사고로 이어지는 경우가 많다 보니 무심코 하게 되는 이런 선택들에 대해서도 좀 더 돌아볼 필요가 있다.

이미 그 종류도 다양해진 각종 지하철 막장녀, 극장에서 너무도 당당히 통화를 시도하는 아저씨, 도로를 내 안방처럼 여기는 개념 상실 운전자, 주변의 어린이는 아랑곳하지 않고 거친 욕설을 내뱉는 중고등학생, 고객이라는 이유만으로 고압적이고 무리한 요구를 하는 몰상식한 소비자에 이르기까지, 조금 다른 선택을 해준다면 함께 어울려 사는 데 문제가 없겠다 싶은데도 막상 저들 입장에서는 나머지 사람들이 마땅히 이해해줄 거라 생각하고 있는 듯하다.

물론 예전보다 지금의 시대가 많이 삭막해진 것도 사실이다. 그러다 보니 생각하지 못한 상대방의 차가운 반응에 당황하며 서운함을 느끼는 사람도 생길 만하다. 하지만 정이라는 것은 상대가 수용할 때 서로 나눌 수 있는 것이지, 내가 일방적으로 먼저 양해를 강요할 성질의 것은 아니다. 오히려 지금은 내 인생의 소중한 다른 선택들과 마찬가지로 이러한 일상 속 행동을 불러일으키는 작은 선택들에서도 좀 더 신중한 고민이 요구되는 시대라고 하겠다.

DEAR you

어느 날 저녁식사를 하러 간 식당에서 30대 초중반의 젊은 남자와 50대가 훌쩍 넘어 보이는 여사장 사이에 소동이 일어났다. 자세한 내막이야 모르겠지만 젊은 남자는 처음부터 말을 놓고 여사장을 불렀다.

"아줌마! 이리 와봐!"

"네, 손님? 무슨 일이시죠?"

"이거 음식이 왜 이래?"

"네?"

밑도 끝도 없이 들이대는 젊은 남자에 비해 그래도 여사장은 감정을 잘 억누르고 있었다.

"이거 맛이 왜 이러냐고?"

"무슨 문제라도……."

"음식 맛이 이상하잖아!"

이 정도면 요즘 개그 프로그램에 나오는 딱 그 진상 캐릭터다. 여사장의 인내심이 대단해보였다. 여전히 손님 대접을 해주고 있었으니까 말이다.

"맛이 어떻게 이상하시다는 건지요?"

"어허, 이 아줌마가! 여기 원래 장사 이런 식으로 해?"

여사장도 더 이상은 참기 힘들었나 보다.

"저기요! 보니까 그래도 내가 엄마뻘은 되겠는데 말씀을 그런 식으로 하시면 안 되죠. 음식에 문제가 있으면 어떤 문제가 있는지 말씀해주시면 되지. 나이도 젊은 분이 그렇게 말을 함부로 하시면 되겠어요?"

여사장의 말에 젊은 남자가 하는 소리는 가관이었다.

"아줌마! 나, 손님이야!"

그날의 소동은 다른 사람들이 말리면서 대충 마무리되었지만, 외모도 말끔하고 멀쩡하게 생긴 그 남자는 그날 저녁식사를 즐기러 온 다른 사람들의 따가운 눈총을 받아야 했다. 물론 본인은 그런 것에 전혀 신경 쓰지 않는 눈치였지만 말이다.

우리는 이런 사람에게 보통 '4가지가 없다'고 표현한다. 요즘 TV나 인터넷 뉴스를 보면, 이 남자처럼 처음 보는 사람이나 자신보다 약해 보이는 사람에게 욱 하는 성질을 부리며 막 대하는 이들이 생각보다 많다. 결국 이들도 벌거벗은 자유를 선택하는 사람들이겠지만, 어쨌든 이들은 자신이 선택한 '4가지 없는' 행동이 '네 가지'의 좋지 않은 얼룩을 남긴다는 사실을 전혀 모르고 있다. 이 얼룩 때문에 정작 본인이 크게 넘어질 수도 있는데 말이다.

일단 그들은 자신에게 손해Damage가 남는 행동을 하고 있는 것이다. 음식점에서의 그 남자는 결국 환불도 받지 못한 채 다른 사람들에 의해 쫓기듯 나가버렸다. 밥도 못 먹고 돈은 돈대로 버리고 무엇보다 감정은 감정대로 상해버렸다. 잠시나마 누군가에게 감정을 쏟아내어 시원했는지는 몰라도 나중에 보면 다 자기만 손해라는 것을 알 것이다.

'4가지 없는' 행동을 했다간 불필요한 적Enemy을 만들게 된다. 처음부터 사장에게 차분히 불만을 얘기했으면 음식을 바꿔주든 환불을 해주든 했을 텐데, 이미 그 사장을 적으로 만들어버렸으니 본인이 그로부터 얻을 수 있는 건 하나도 없었다.

게다가 요즘 같은 세상에는 적도 잘못 만들면 진짜 큰 사고Accident가 날 수도 있다. 식당 사장은 그 정도로 넘어갔지만 요즘처럼 험한 세상에서는 친구는 못 만들어도 적은 만들지 않는 게 상책이다.

정상적인 사고방식을 가진 사람이라면 순간의 감정을 이기지 못하고 뿜어낸 이런 행동들에 대해 시간이 지나 후회Regret를 한다. 특히나 그 행동 때문에 정말 심각한 손해를 입었거나 적을 만들었거나 사고라도 일어났다면 그 사람은 자신의 선택에 피눈물을 흘려야할 것이다.

다른 사람들과 함께 살아가기를 선택한 사람은 자신의 마음에 들지 않는다고 해서 함부로 누군가에게 '4가지 없는' 행동을 내보이진 않는다. 비록 그런 순간이 오더라도 이후 자신에게 남을 수 있는 네 가지의 나쁜 얼룩들을 떠올리며 한 번쯤 감정을 참아내는 지혜를 발휘한다. 그런 점에서, 너무 감상적일 듯하나 이런 마인드 선택이 꼭 필요할 듯싶다.

'DEAR you, 당신을 사랑합니다!'

CHAPTER 5

지금 우리는
미래를 산다

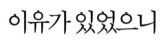

이유가 있었으니

첫번째펭귄의 선택 21
인생의 징검다리는 한꺼번에 뛰어넘어 선택할 수 없다. 오늘의 경험이 내일의 성
공을 물어다주며, 뜻밖의 인연이 생각지 못한 기회를 만들어준다.

앞서 말했듯, 나의 대학 전공은 도시공학이었고 대학원 전공 역시
도시개발경영학이었으니 시종일관 도시계획이라는 같은 분야를 공
부한 셈이다. 하지만 내가 대학을 들어가던 그때부터 내 아버지는
"세상에는 전공대로 살아가지 않는 사람이 훨씬 많다"는 말씀을 종
종 하셨다. 지금 하나의 전공을 선택했다고 해서 너무 일찍부터 인
생의 길을 확정짓지 말고 생각을 열어두라는 의미로 해주신 말씀이
었다. 하지만 혈기왕성했던 그 시절에 나는 '난 평생 내 전공에 목숨
을 걸겠어요!'라고 다짐하며 아버지 말씀에 은밀히 불복했다.

물론 그런 나의 의지는 사회에 첫발을 내딛던 순간부터 산산조각
나고 말았다. 주변 사람들을 통해 "전공과는 다르게 어찌 그런 일을

한다고?" 하는 말까지 들으며 보험영업을 시작한 것이다. 대학원까지 같은 길을 걸었지만 이제 그 시간은 먼지 쌓인 전공서적들처럼 일부러 꺼내놓지 않으면 기억도 잘 나지 않는 추억이 되고 말았다. 한창 진로에 대해 고민하고 같은 과 친구들과 밤늦도록 미래를 얘기했던 시절을 생각하면 지금 내가 하고 있는 강사라는 직업도 참 엉뚱하기 그지없다.

하지만 나는 단 한 번도 나의 20대를 시간 낭비라고 생각하지 않았다. 한참 취업 준비에 정신없던 시절에도 전공서적을 놓지 않으며 꼬박 10년이 넘는 시간을 한 분야에 빠져 있었지만, 그리고 전공에서 배운 지식들을 사회에서 써먹을 일은 더더욱 없었지만 나는 당시의 배움과 고민들이 없었다면 결코 지금의 의미 있는 사회생활을 해나갈 수 없었을 것이라고 확신한다.

내가 공부한 도시계획은 도시의 물리적인 설계뿐만 아니라 직접 설계한 그 도시를 주민과 정책결정자에게 어필해야 하는 능력까지 갖춰야 하는 분야다. 당연히 내 생각을 누군가에게 심어주기 위한 과정들이 많았고, 그런 설득 DNA는 내가 영업을 시작했을 때 큰 힘이 돼주었다. 대학과 대학원을 다니며 했던 수많은 프레젠테이션 경험은 교육 담당자를 거쳐 지금의 강사를 하는 데 이르기까지 절대적인 영향을 미치고 있다. 분석적 사고력이 중요했던 공대생활의 경험들이 훗날 직장에서 마케팅 업무를 하는 데 남다른 창의력을 발휘할 수 있도록 도와준 든든한 밑거름이 되었다.

그뿐만이 아니다. 도시설계 과정을 위해 익혀두었던 각종 컴퓨터 활용 능력은 내 머릿속에 있는 생각을 남들이 쉽게 볼 수 있도록 표현하는 데 적용되었고, 이후 남들보다 돋보이는 교안을 직접 만드는 데 아낌없이 발휘되고 있다. 그때 배워둔 자료검색 기술이 오늘날 강의를 하고 책을 쓰고 필요한 콘텐츠를 수집하는 데 힘이 되고 있음은 말할 것도 없다.

이처럼 사회생활과 전혀 무관한 공부를 한 듯하면서도 당시의 경험과 습관들은 그대로 내 안에 녹아들어 나만의 특별한 능력들을 창출했고, 그 능력들을 사용하여 남다른 성과를 이룰 때마다 결국 내 인생과 연계된 모든 것에는 다 이유가 있다는 것을 깨닫는다.

인연도 마찬가지다. 첫 직장에서 제대로 된 매니지먼트 없이 실적만 다그쳐 원망스럽기 그지없었던 지점장이 훗날 내 인생을 바꾼 두 번째 직장을 연결해주었고, 바로 그 두 번째 직장에서는 영업 경쟁자였던 동료들의 도움으로 교육 담당자라는 새로운 타이틀을 달 수 있었다. 한때 조직에 분란을 일으키고 모두가 싫어했던 몇몇 직원들마저도 지금에 와 생각해보면 내게 지혜를 가르쳐준 것이나 다름없으니 결국 그들 모두가 내게는 이유 있는 사람들이었던 셈이다.

살다 보면 이해할 수 없는 경험과 이해할 수 없는 사람을 마주쳐야 할 때가 있다. 왠지 지금 하고 있는 일이 그저 시간 낭비인 것 같고 지금 내 앞에 있는 사람이 원수처럼 보일 때도 있다. 하지만 그럴 때 상황을 너무 비관적으로만 생각하지 말고 일단 잠자코 그 시간을 건디며 지나가보는 것도 하나의 방법이다.

시간은 징검다리 같아서 밟아야 할 다리를 밟지 않으면 한 걸음도 앞으로 나아갈 수 없다. 과거에 그 다리들을 밟아왔기에 지금의 내가 있을 수 있는 것처럼, 지금 하고 있는 일이 훗날 내게 어떤 기회를 줄지 모를 일이다. 지금 만나고 있는 사람들이 또 어떤 인연을 물어다줄지 우린 알지 못한다.

오늘의 선택이 내일의 모든 것을 결정짓지는 않지만, 우리는 오늘이 있기에 내일이라는 시간을 만날 수 있다. 모든 순간에는 이유가 있었으니 설령 그 이유를 지금 다 알지 못한다 하더라도 한꺼번에 뛰어넘으려다 물에 빠지지 말고 일단 차근차근 그 다리를 밟아 나아가길 바란다.

선택의 화학작용

첫번째펭귄의 선택 22
과거 어느 한 선택을 달리한다고 해서 현재의 내 모습이 더 만족스러운 것은 아니다. 선택은 또 다른 선택들을 만나 전혀 새로운 결과를 만들기 때문이다.

아주 오래전 대입 재수학원을 다닌 적이 있다. 그것도 딱 반나절이었다. 후기대 합격자 발표일과 재수학원 개강일이 겹치면서 일단은 아침에 도시락을 싸들고 첫 수업을 들어야 했던 것이다. 그리고 점심때 어머니가 학원으로 전화를 걸어오셨다.

"찬호야! 학교 합격했대!"

"아, 그래요?"

"이제 어떻게 할 거야?"

"글쎄요……."

재수학원으로 가는 무거웠던 발걸음을 1년 내내 이어갈 자신이 없었던 나는 어쩔 수 없이 나를 불러준 대학에 들어가기로 결심하고

집으로 돌아왔다. 그래서 내게 재수학원은 도시락을 먹은 기억밖에 남아 있지 않다.

어쨌든 그렇게 해서 만족스럽지 못한 새내기생활을 이어가던 1년 내내 '그때 내가 다른 선택을 했더라면 어땠을까?' 하는 막연한 상상을 반복하곤 했다. 실제로 했던 선택과 달리 점심 도시락을 먹은 이후에도 계속 학원에 남아 그대로 1년을 내달렸다면 뭔가 달라지지 않았을까 하는 미련이 있었던 것이다.

우리는 이처럼 '그때 다른 선택을 했더라면 어땠을까?' 하는 과거를 기웃거리는 짓을 종종 한다. 특히 현재 여러 가지 이유로 삶이 고단한 사람일수록 할 수만 있다면 과거로 돌아가 다른 선택을 해보고 싶은 욕구가 강하다.

하지만 우리의 오늘을 만들어낸 주범이 과연 그때 그 선택 하나뿐이었을까? 나의 20~30대를 돌아보면 그런 일은 단 한 번도 일어나지 않았다. 웬만해서는 결코 하나의 선택만이 우리의 인생을 통째로 바꿔놓지는 않더라는 얘기다. 앞서 언급했듯이, 과거의 선택은 언제나 그 이후 만나게 되는 다양한 요소들과의 화학작용을 통해 현재라는 운명을 만들어낸다.

만일 지금까지 완벽하게 똑같은 환경에서 살아온 두 사람이 오늘 이 순간 마지막으로 똑같은 선택을 한다고 가정하면, 그들의 10년 후 모습도 과연 똑같을까? 분명 어떤 식으로든 다른 모습으로 살아가고 있을 확률이 훨씬 더 높다. 왜냐하면 최초에 같은 선택을 했을지라도 그 이후 각자 만나게 되는 사람이 다를 것이고, 겪게 되는 사건도 다를 것이며, 생각과 행동들 또한 개인마다 다를 수밖에 없기 때문이다. 무엇보다 그 이후에 벌어지는 또 다른 상황들에서는 서로 다른 선택을 할 가능성도 높다. 그러니 현재의 선택이 같더라도 그 선택과 화학작용을 일으키는 나머지 요소들에서 차이가 나기에 서로 다른 미래가 만들어질 수밖에 없는 것이다.

따라서 우리가 과거의 선택을 되돌아볼 때는 선택을 하던 '시각時刻'만을 바라볼 것이 아니라 선택을 한 시점에서 오늘에 이르기까지의 '시간時間'을 두고 평가하는 것이 더 합리적이다. 선택의 순간만이 아니라 선택 그 이후까지 함께 묶어보라는 뜻이다. 그래야만 그 선택을 성공적인 선택으로 만들기 위해 내가 지금까지 어떤 노력을 기울여왔는지를 알 수 있고, 앞으로 남은 시간 동안 내가 추가로 무엇을 해야 하는지도 발견할 수 있다.

과거의 어느 시점으로 돌아가 선택 하나를 바꾼다고 해서 지금의 처지가 더 나아졌으리라고는 아무도 장담할 수 없다. 오히려 그때부터 지금까지 늘 비슷한 사고방식과 행동방식으로 살아왔다면 과거에 다른 선택을 했더라도 지금과 별반 다르지 않은 삶을 살고 있을 가능성이 높다. 어쩌면 그때의 그 선택이 자신에겐 더 나았을지도 모를 일이다.

이제 다시 현실로 돌아와 우리가 분명히 인식해야 할 중요한 사실은, 어쨌거나 과거의 선택은 더 이상 바꿀 수 없는 과거의 사건이라는 점이다. 더 이상 가능하지도 않은 미련을 가지고 과거를 돌아봐야 아무짝에도 쓸모가 없다. 그러고만 있다가는 그저 오늘의 새로운 선택마저 망칠 뿐이다. 그렇게 되면 또 언젠가 오늘의 선택을 원망하고 후회하는 짓을 반복해야만 한다.

선택은 지금도 시간의 흐름을 타고 또 다른 선택들과 맞물려 끊임없이 화학작용을 일으키는 중이다. 인생은 중간의 어느 한 장면만을 바꾼다고 해서 근본적으로 달라지지 않는다. 지금까지 살아온 모든 날을 하나의 식탁 위에 올려놓고 한꺼번에 볼 수 있어야 한다. 그래야만 아직까지 올리지 않은 음식을 찾아낼 수 있다. 그래야만 그 음식들을 만들어가며 현재의 인생을 즐길 수 있다.

과거의 선택은 바꿀 수 없지만 아직 하지 않은 수많은 선택은 얼마든지 내 마음대로 할 수 있다. 설령 아프고 눈물 나는 일이 있을지라도 우리가 오늘의 선택에 더욱 집중해야 하는 이유다. 더 이상 과거에게 먹이를 주는 어리석은 짓은 하지 말아야 한다.

완벽한 선택이란 없다

첫번째펭귄의 선택 23

인간은 애당초 완벽한 선택이 불가능한 존재다. 그럼에도 불구하고 조금이라도
나은 선택을 하기 위해서는 그 무엇도 아닌 자기 내면의 소리에 집중해야 한다.

2013년 1월 30일, 발사에 성공한 한국 최초의 우주발사체 나로호
는 알다시피 그 발사 과정이 순탄치 않았다. 특히 두 달 전인 2012년
10월 26일의 3차 발사 시도는, 실패로 끝났던 1, 2차 발사 때와 비교
해 더 완벽한 준비 과정을 거쳐왔다고 알려졌기에 발사 과정에 참여
한 관계자들뿐만 아니라 그날의 발사를 기다리던 수많은 국민도 간
절한 마음으로 또 하나의 꿈이 이루어지길 기원했다. 하지만 모두의
염원과 달리 발사 다섯 시간여를 앞두고 부품에 문제가 생겨 나로호
는 또 다시 다음을 기약해야 했다.

그로부터 약 열흘 뒤에 발표된 정밀분석 결과에 따르면 나로호 발
사 실패의 원인은 어댑터 블록의 미세한 결함으로 틈이 벌어져 고무

링이 파손됐기 때문이었다. 사소한 결함 하나가 수천 억짜리 우주발사체를 아예 발사 자체도 못하게 만든 것이다.

2012년 연말에 개봉해 해를 넘기면서까지 큰 인기를 끌었던 한국영화 〈타워〉에서도 비슷한 상황이 연출된다. 국내 최고층 빌딩에 연말 파티를 위해 모인 사람들이 갑작스런 화재로 재난을 겪는다는 이 영화에서, 단지 스프링클러의 물이 얼어버려 삽시간에 큰불이 번지며 결국 108층 높이의 거대한 빌딩 전체가 무너져 내리는 사태까지 확장된다. 여기서도 사소해 보이는 작은 결함이 걷잡을 수 없는 큰 사고로 연결될 수 있음을 여실히 보여준다.

하지만 나로호와 영화 〈타워〉의 사례에서 우리가 정작 살펴봐야 할 점은 단지 작은 결함이 큰 악재를 만들어낼 수 있다는 교훈만이 아니다. 오히려 나는 1퍼센트의 작은 결함이 나머지 완벽했던 99퍼센트의 요소마저 그 역할을 무력하게 만들었다는 사실에 주목하게 되었다.

나로호의 미세한 결함이 이미 발사된 나로호의 속도를 늦추는 정도로 끝난 것이 아니라 아예 발사 자체를 못하게끔 만들었고, 스프링클러의 작은 얼음은 사고로 일어난 불이 방 하나를 태우는 것으로 끝나지 않고 빌딩 전체를 손쓸 수 없는 지경으로 몰고 간 결정적인 원인이 되었다. 즉, 하나의 작은 결함이 '적당한 선의 성공'을 보장해준 것이 아니라 그 전체를 못 쓰도록 만들었다는 얘기다. 그리고 이 모든 것은 우리가 일반적으로 선택을 앞두고 하는 사고思考 체계와 아주 유사하다.

예를 들어 어떤 사람이 지금 다니는 직장을 그만두고 유학을 가는 것이 맞는지 고민 중이라고 가정해보자. 그 사람은 평소에 누가 보더라도 아주 합리적이고 스마트하며 국내 최고의 대학을 나와 지식의 깊이도 남다르다. 여기에 자아성찰 능력까지 뛰어나 자신에 대해 누구보다도 정확한 판단을 내리는 사람이고, 그래서 본인의 미래를 결정하는 데서도 최고의 선택을 하리라 기대하게끔 만드는 그런 사람이다.

자, 이 사람이 지금의 선택을 위해 안팎으로 고려하고 예상해야 할 사안이 총 열 가지라고 할 때, 열 가지 모두에서 컴퓨터가 계산하는 것처럼 정확한 판단을 내릴 가능성은 과연 몇 퍼센트일까? 아마도 나뿐만 아니라 거의 모든 사람이 0퍼센트에 가깝다고 말할 것이다.

아무리 대단한 능력자라도 미래를 정확히 예측할 수 없거니와 사람의 판단이라는 것도 어느 한구석에 크고 작은 오류가 생길 수밖에 없기 때문에 모든 사안에서 100퍼센트 완벽한 답을 찾아낸다는 것은 현실적으로 불가능하다. 무엇보다 유학을 위해 고려해야 할 사안이 열 가지가 아니라, 열한 가지나 열두 가지였다고 한다면 이 사람은 처음부터 완벽한 선택과는 거리가 먼 사고를 할 수밖에 없는 것이다.

그렇다면 이제 내가 원래 하고자 했던 두 번째 중요한 질문을 던져볼까 한다.

이 사람이 다행히 열 가지 고려 사항 중 무려 아홉 가지의 항목에서 정확한 판단을 내리고 단 한 가지 항목에서만 착오를 일으켰다면, 그 사람은 그 아홉 가지로 나머지 한 가지의 오류를 커버하며 90

퍼센트 완벽에 가까운 선택을 하게 될까? 나는 그마저도 확신할 수 없다고 단호히 말할 수 있다. 오히려 나로호나 영화 〈타워〉처럼 한 가지가 빠진 아홉 가지로는 아예 방향을 벗어난 선택을 할 가능성도 충분하다. 이게 내가 말하고자 하는 핵심이다.

다시 말하지만 인간은 애당초 완벽한 선택이 불가능한 존재다. 아무리 많은 데이터를 가져다 놓고 며칠 밤을 새워가며 고민한들 우리가 할 수 있는 선택은 '조금 더 괜찮은' 불완전한 선택일 뿐이다. 아니, 어쩌면 고려해야 할 데이터가 많으면 많을수록 정답과 먼 선택을 할 가능성이 더 커질지도 모르겠다. 어쨌든 바로 이런 불완전한 선택들이 모여 지금의 우리 인생이 만들어지고 있는 것이다.

그렇기 때문에 우리가 선택할 수 있는 가장 합리적인 선택이란 결국 '내 마음이 이끌어가는' 선택이다. 절대 오해는 하지 말기 바란다. 이것은 단지 무턱대고 마음이 이끄는 대로만 행동하라는 뜻이 아니다.

여기서 내 마음이 이끌어가는 선택이란, 가장 합리적인 선택의 답이 다른 사람이나 다른 장소에 있는 것이 아니라 바로 내 자신 안에 있다는 의미다. '첫번째펭귄'의 이름이 말해주는 것처럼 내 인생을 내가 주도적으로 선택하며 살아갈 때 현실적으로 가장 완벽하고 합리적인 선택을 기대할 수 있다는 말이다.

간혹 선택의 기준이나 방향을 제시하는 것뿐만 아니라 아예 선택 자체를 다른 누군가가 대신해주기를 바라는 사람들이 있다. 하지만 이것은 우리의 불완전한 선택을 더 불완전하게 만들어버리는 위험한 행동이다. 그 사람 마음속에는 당신이 들어 있지 않다. 당신이 믿는 신도 결국 내 마음을 통해 그 생각을 깨닫게 하는 것이고, 동시대를 살아가는 훌륭한 멘토들의 이야기 역시 내 마음을 울리며 가르침을 주고 있는 것이다.

따라서 우리는 무엇보다 내면의 소리에 귀를 기울이고 그 소리에 익숙해져야 한다. 그래야만 세상의 어수선한 가치와 불확실한 주장에 쉽게 흔들리지 않으면서도 마음에 울리는 진짜 목소리를 들을 수 있다. 그 목소리를 충분히 들은 후에 내리는 선택이야말로 내 마음이 이끌어가는 선택이고 가장 완벽한 선택이다.

무엇을 남길 것인가?

첫번째펭귄의 선택 24
대부분의 사람은 무엇인가를 누리기 위해 살아간다. 하지만 또한 무엇인가를 남기기 위해 살아가기를 선택하기도 한다.

2011년 10월, 전 세계 언론과 포털사이트 그리고 각종 SNS는 오직 한 사람의 죽음에 관해 이야기하고 있었다. 다름 아닌 애플의 창업자 스티브 잡스였다.

지금 당장 그 어떤 국가지도자나 연예인이 죽는다고 한들 그처럼 많은 사람이 안타까워하며 애도할 수 있을까 싶을 정도로 그의 타계 소식은 모두에게 큰 충격이었다. 1천 페이지 가까이 되는 그의 자서전은 날개 돋친 듯 팔려나갔고 생전의 모습이 담긴 동영상들은 앞다퉈 유튜브 첫 페이지를 채워나갔다. 살아 있을 때 단연 주목받던 인재였고 죽어서도 그 존재감이 확실히 드러난 스티브 잡스였다.

그렇다면 대체 무엇이 사람들로 하여금 스티브 잡스의 죽음 앞에 많은 눈물을 흘리게 만든 것일까? 그저 남들처럼 돈을 벌던 기업가가 어떻게 떠나면서까지 말도 통하지 않는 전 세계인의 가슴속에 아련함을 던질 수 있었던 것일까? 나는 스티브 잡스가 남긴 것들에서 그 이유를 찾을 수 있었다.

대부분의 사람은 그가 어떤 이였는지 혹은 어떤 일을 했던 이였는지를 통해 그를 기억한다. 존경받을 만한 정치인이었다든지, 희대의 사기꾼이었다든지 하는 식으로 말이다. 하지만 스티브 잡스를 이야기할 때 사람들은 그가 '남긴 것'에 대한 이야기를 훨씬 더 많이 한다. 아이폰, 아이패드, 맥북에어 등 그가 생전에 무대에서 깜짝 놀랄 만한 연출을 통해 소개할 때마다 대중을 열광시켰던 바로 그 신기한 제품들에 대한 이야기 말이다.

그 이전에도 핸드폰과 컴퓨터를 만드는 회사들은 많았지만 스티브 잡스는 애플만의 완전히 새로운 IT생태계를 창조해냈고 그 제품들은 사람들의 일상을 편리하면서도 즐겁게까지 바꾸어놓았다. 이전에는 볼 수 없었던 완전히 다른 것을 세상에 남긴 것이다. 그가 떠나자 애플이 앞으로도 그런 제품을 만들어낼 수 있을까 하는 염려가 나올 만큼 스티브 잡스는 자신만의 독창적 창의성까지 보여준 독보적 존재다.

오늘도 새벽같이 출근해서 별을 보며 퇴근하고 있는 직장인, 학교를 마친 후에도 밤늦도록 이런저런 학원을 드나드는 수험생, 하루 종일 아이와 집안일에 시달리며 어떻게 인생이 흘러가고 있는지 돌아볼 여유도 없는 주부, 그리고 책을 쓰는 나와 이 책을 읽고 있는 당신……

우리는 대체 무엇 때문에 이토록 분주한 삶을 살아가고 있는가? 개인마다 구체적인 답이야 다르겠지만 아마도 답변의 유형은 비슷하지 않을까 싶다. "무엇 무엇을 갖기 위해서" 혹은 "무엇 무엇을 누리기 위해서"라고…….

열심히 일해 돈을 벌어야 하고, 그 번 돈으로 좋은 집에서 좋은 음식을 먹으며 살아야 한다. 무엇인가 나만의 가치를 만들어서 타인의 이목을 집중시켜야 하고, 그렇게 얻은 권력과 명예로 더 나은 자리에 앉아야 한다. 그래야 더 행복한 삶에 가까워진다고 우리는 믿으며 살아간다.

물론 다 맞는 말이다. 그리고 나 역시 강의를 하고 책을 쓰는 이유 중에 그런 목적이 포함되어 있다. 그만큼 성공이란 누구에게나 값진 일이고 실제로 우리 인생을 행복하게 만들어주는 중요한 요소다.

하지만 딱 거기까지다. 우리가 말하는 성공이란 대체로 나와 내 가족의 영향권을 크게 벗어나지 않는다. 아니, 그러면 충분하다고 생각한다. 거꾸로 말하면 다른 사람들에게 나의 성공은 아무 상관이 없는 일이다. 그저 옆에서 축하하고 격려해줄 만하겠지만 뒤돌아서면 결국 남의 성공이고 남의 기쁨인지라 끝까지 그 감동을 함께할 수는 없는 것이다.

나는 무엇보다 사람을 남기는 삶을 살기로 선택했다. 강사라는 직업을 택하면서 그리고 책을 쓰면서 더욱 확고해진 나만의 비전이기도 하다. 지금 내가 하고 있는 일들이 나와 내 가족을 풍족하게 해주기를 바라지만 그와 동시에 사람을 키워갈 콘텐츠를 계속 연구하고 세상에 뿌리기를 소망하고 있다.

'호랑이는 죽어서 가죽을 남기고 사람은 죽어서 이름을 남긴다'는 속담이 말해주듯, 사람은 무엇을 남기며 살아가느냐에 따라 그 삶의 진짜 가치가 매겨지는 법이다. 스티브 잡스가 아이폰을 만들어 자기 회사 사람들끼리만 사용했다면 아이폰은 특별한 가치를 갖지 못했을 것이다. 하지만 그것을 시장에 내놓아 세상에 남기면서 스티브 잡스도 한층 가치 있는 이름을 가질 수 있었다.

당신은 당신의 삶을 통해 무엇을 남기고 싶은지 고민하며 선택해 본 적이 있는가? 자식들에게 물려줄 약간의 재산과 사용했던 명함 외에 당신이 세상에 남길 만한 것은 무엇인가? 만약 그런 것이 있다면 그것은 가족 외 다른 사람들에게는 어떤 의미 혹은 어떤 질문을 던져줄 수 있을 것인가?

대중이 스티브 잡스를 그리워하는 이유는 그가 사람들 손 안에 의미 있는 것들을 남겼기 때문이다. 오늘도 많은 사람이 무엇인가 누리기 위한 선택들을 이어간다. 우리는 여기에 덧붙여 남길 것에 대한 고민을 함께 해나가야 한다. 단순히 나와 내 가족만을 위한 흔적이 아닌, 더 많은 사람에게 행복을 가져다줄 수 있는 그런 멋진 인생을 나와 당신은 얼마든지 선택하며 살아갈 수 있다.

살아라,
무조건 살아라

첫번째펭귄의 선택 25

절벽을 앞에 두고 뚫린 터널은 없는 법이다. 보이지 않는다고 하여 그 길이 만날 수 없는 길은 아니다. 반드시 살아 끝까지 생존하는 사람만이 새로운 선택의 기회를 잡을 수 있다.

내가 학생일 때는 '교통사고 사망자수 1위'라는 통계를 귀에 못이 박히도록 들었는데, 지금은 'OECD 국가 중 자살률 1위'라는 통계가 그 자리를 대신하고 있다.

우리나라에서만 매일 45인승 버스 탑승자 숫자만큼의 사람이 스스로 목숨을 끊고 있고, 성인 100명 중 15명은 실제로 한 번 이상씩 자살을 심각하게 고민한 적이 있다고 한다. 지금 이 글을 쓰고 있는 순간 역시 각종 포털사이트엔 자살한 사람의 기사가 도배되고 있을 정도로 이제 사회 유명인사들의 자살 소식은 마냥 놀랍지만도 않다. 성인들뿐만 아니라 어린 학생들도 사는 게 힘들다는 유서를 남기고 부모 곁을 떠나는 세상이니, 누가 봐도 지금 이 나라는 '자살공화국'이라는 오명을 벗겨내기 힘들 만큼 깊은 시름에 빠진 듯하다.

얼마나 힘들고 고통스러웠으면 그런 극단적인 방법을 선택했을까 싶으면서도 한편으로는 그들을 궁지로 몰아넣은 왜곡된 사회구조와 주변인들의 무관심이 새삼 원망스럽기까지 하다.

하지만 우리가 살아가고 있는 현실 속 환경이 어느 순간 마법처럼 뒤바뀌는 일은 벌어지지 않는다. 어느 누가 대통령이 되든 하루아침에 장밋빛 미래를 기대할 수는 없는 법이고, 평소 내게 무심히 상처를 주었던 사람들이 갑자기 따뜻한 미소를 보내며 손 내밀어주는 일도 상상하기 어렵다.

어찌 고인들의 심정을 다 짐작할 수 있겠냐마는, 결국 본인들이 현재 겪고 있는 고통이 앞으로도 끝나지 않을 것이라는 판단에 이르렀기에 되돌릴 수 없는 선택을 하지 않았을까 싶다. 아무리 현재가 힘들어도 미래에는 다를 것이라는 희망을 붙들고 살아가게 마련인데, 저들은 마지막까지도 그 희망을 찾아내지 못한 것으로 보인다.

나는 이 책에서 당신이 왜 살아야 하는지를 구구절절 설명하진 않을 거다. 그런 얘기는 이미 깊고 넓은 지혜를 가진 많은 사람이 글과 방송 등을 통해 수없이 남겼고, 만약 당신 곁에 당신의 이야기를 들어줄 누군가가 있다면 그가 나보다 훨씬 더 당신이 살아가야 할 이유를 잘 설명해줄 것이기 때문이다. 무엇보다 한 번도 만나본 적 없는 이의 몇 마디 글 따위가 내 바람만큼 누군가에게 큰 위로가 될 것이라 생각하지도 않는다.

다만 나는 말해주고 싶다. 그냥 살라고……. 일단 삶을 선택해서 무조건 살아보라고……. 아무리 남모를 고통에 시달리며 내일 똑같은 고통을 맞이해야 하더라도 당신이 만나게 될 것은 단지 그 고통뿐만이 아니기에 좀 더 힘을 내어 살아보라 말해주고 싶다.

"우리의 인생은 B Birth. 탄생로 시작해서 D Death. 죽음로 끝나지만, 그 사이는 수없이 많은 C Choice. 선택로 채워진다."

프랑스의 철학자 장 폴 사르트르의 이 말에 나는 다른 두 가지 C를 더해보고 싶다. 바로 Chance 기회와 Challenge 도전이다. 이 세 가지 C는 결국 살아 있어야 만날 수 있는 것들이고 그것을 충분히 누린 사람만이 행복한 D를 맞이할 수 있다. 당연히 나는 앞으로도 당신이 수많은 선택과 도전을 이어가며 새로운 기회들을 만들어낼 수 있으리라 믿는다.

스스로 세상을 등지는 사람들 중에도 그 길이 좋아서 선택하는 사람은 아마 없을 것이다. 더 좋은 세상으로 가고 싶다는 유서 속 심정은 실제로 남들보다 더 빨리 좋은 곳으로 가고 싶다는 의미가 아니라, 그만큼 현실에서는 더 이상 살아갈 수 없음을 드러낸 자신만의 막다른 표현일 것이다.

결국 어쩔 수 없이 궁지에 몰려 선택하게 된 그 길인데, 자살이야말로 더 이상의 어떤 희망도 남겨놓지 않는 마지막 선택이다. 일단 숨이 붙어 있어야 '어쩔 수 있는' 상황도 만나볼 수 있는데, 지금 당장 눈앞에 보이지 않는다 해서 미래에 있을 일말의 가능성마저 스스로가 제로 zero로 만들어버리는 것이다.

우리는 수시로 많은 계획을 세우고 그 계획대로 살기 위해 발버둥친다. 그런데 우리의 삶은 계획된 그 길로 가는 경우보다는 전혀 생각지도 못한 수많은 우연과 돌발적인 상황들에 의해 꾸려지는 경우가 더 많다. 그리고 그 '뜻밖의' 상황은 말 그대로 누구도 예상할 수 없다. 그것이 비록 나 자신의 삶일지라도 말이다.

오디션 프로그램에서 심사위원들의 선택을 받은 참가자들마다 하는 얘기가 있다.

"꿈만 같아요! 저한테 이런 날이 올 줄은 전혀 생각지 못했어요!"

어제까지만 해도 좁은 방구석에서 삶의 희망도 없이 하루하루를 근근이 살아가던 사람이, 오늘 갑자기 인생역전을 하며 모든 사람의 부러움을 사는 이런 일들은 우리에게 낯선 장면이 아니다. 지금 지나가는 터널이 어둡다고 해서 그 터널 끝에 길이 없는 것은 아니라는 얘기다. 절벽을 앞에 두고 뚫린 터널은 세상 어디에도 없다. 터널 끝엔 반드시 길이 보이게 마련이다.

그렇기에 일단 살아야 한다. 살아 있어야 새로운 인연도 만나고, 살아 있어야 돈도 벌 수 있으며, 살아 있어야 웃을 일도 생긴다. 오늘이 마지막인 것처럼 절실함을 가지고 살되, 오늘이 마지막은 아니라는 희망으로 꿈을 이어가야 한다. 그러다 보면 새롭게 선택할 수 있는 길이 또 보인다.

더 이상 새로운 시작을 할 수 없다는 생각이 들었을 때가 바로 당신에게 기적이 일어날 순간이다. 설령 오디션 참가자나 로또 당첨자들처럼 기적이 지금 당장 한꺼번에는 아니라도 당신을 향해 서서히 오고 있다는 사실을 믿어야 한다. 그렇게 반드시 살아서 오직 당신만을 위해 다가오는 기적과 손잡아야 한다. 삶의 의미가 보이지 않을 때일수록 그 의미 있는 날을 믿고 기다려야 한다.

그러니 살아라. 무조건 살아라!

행복을 선택하는 사람

첫번째펭귄의 선택 26
행복은 선택의 문제다. 나와 타인을 비교하면서 불행이 시작된다. 매사 삐딱하게
바라보는 시선은 당신과 행복을 격리시킨다.

어느 날 SNS를 그만둔 이유를 사람들에게 물었더니 '상대적 열등
감'이나 '상대적 불행감'이 큰 비중을 차지했다고 한다. 나는 오늘도
재미없는 일들과 씨름하며 힘든 하루를 넘기고 있는데, 그곳에 올라
오는 다른 사람들의 일상은 너무도 행복해 보여 그것이 나를 더 비
참하게 만든다는 얘기다.

나도 대학원을 휴학하고 한참 취업 준비를 하던 시절에는 비슷한
감정을 느낀 적이 있다. 꿈을 키워가며 달리는 내 모습이 그리 부끄
러운 일이 아님에도 왠지 거리에 나가면 세상에서 나만 힘든 시간을
겪는 것 같고 다른 사람들은 모두 막힘 없는 인생을 살아가는 것처
럼 보였다. 하루 종일 고시원이나 도서관에만 틀어박혔던 이유 역시

공부를 하기 위함도 있었지만 가장 큰 것은 묘한 패배감 때문이었다. 그러다 보니 자연스럽게 친구들과 연락이 뜸해졌고 말수도 부쩍 줄어들면서 한동안 무표정한 일상을 살아갔다. 세상과 만나는 일이 무작정 싫었던 유쾌하지 않은 시기가 내게 있었다.

하지만 급한 불이 꺼지고 주변을 돌아볼 여유가 생기자 그제야 내가 얼마나 바보 같은 생각을 하며 살았는지를 깨달았다. 세상엔 나처럼 자신만의 고민과 말 못할 사정을 안고 살아가는 사람들이 훨씬 더 많다는 것을 그제야 볼 수 있었다.

내가 그랬던 것처럼 취업 준비를 하는 사람은 불확실한 미래 때문에 늘 불안하고, 이성이나 직장 동료 때문에 힘들어하는 사람은 관계 회복에 대한 답을 찾지 못해 늘 답답해하며, 아픈 가족이나 감당하기 힘든 빚 때문에 무거운 삶의 짐을 지고 살아야 하는 사람들도 생각보다 많았다. 즉, 그런 특별할 것 같은 사연들이 오히려 보통 사람들의 평범한 일상이었고 그런 사람들 틈에서 보니 내 어려움은 더 이상 특별한 사연이 아니었다.

무엇보다 지금 내가 걷고 있는 이 길을 이미 아무렇지 않게 지나온 인생의 선배들이 주변에는 아주 많았다. 거리를 지나가는 사람들의 얼굴은 대체로 평온해 보였지만 사실 말 못할 나름의 고민과 아픔들 몇 개쯤은 다들 끌어안고 살더라는 것을 인식했다. 단지 그런 고민과 아픔이 '내 것'이기에 당사자에게는 그만큼 무겁고 특별할 뿐이라는 말이다.

물론 남들보다 정말 특별한 고난에 빠진 사람도 있다. 하지만 그런 고난마저도 이미 누군가에게는 지나온 과거다. 세상에 나만 겪는 어려움은 생각보다 많지 않아 보인다. 남들도 비슷한 경험을 하고 있고 아마 남들도 나처럼 그 순간에는 비슷한 불행을 느끼며 살았을지도 모른다.

그러나 이런 상황 속에서도 끊임없이 감사하며 긍정적인 시선으로 세상을 바라보려는 사람들이 많다. 그들은 현재의 고난이 영원하지 않을 것임을 알고 있다. 그래서 그들의 시선은 단지 현재나 과거에만 머물러 있지 않다. 그들은 맞이해야 할 미래가 있다는 사실을 분명히 알고 살아가기에 희망을 품고 긍정적인 생각을 하며 그날을 기다린다.

우리가 걸어가는 이 길은 잘 닦인 육상트랙이 아니라 거칠고 불편한 비포장도로다. 그래서 가끔은 돌부리에 걸려 넘어져 피가 나기도 하고, 바람이 불면 뿌연 먼지가 날려 시야를 온통 가리기도 한다. 비가 오면 신발에 흙이 묻어 밟는 길마다 미끄럽기만 하고, 무리해서 걷다 보면 발에 물집이 생겨 한동안 고통스러운 시간을 보내기도 한다.

하지만 우리 인생이 늘 고달프기만 한 것은 아니다. 길을 걷다 보면 예쁜 들풀을 만나 기분이 좋아지기도 하고, 앉아 쉴 수 있는 큰 바위와 넓은 그늘을 만나 한가롭게 낮잠을 즐길 수도 있다. 운이 좋으면 남의 차를 얻어 타고 어느 정도까지는 편하게 갈 수도 있고, 뜻하지 않은 반가운 인연을 만나 지루하지 않게 동행할 수도 있다.

다시 말해, 나만 특별한 길을 걷고 있는 게 아니라 모든 사람이 비슷한 길을 걸어가고 있다는 것이다. 다만 언제 무엇을 만나느냐가 각자 다를 뿐이다. 그 만남의 순간들을 어떻게 바라보고 해석하느냐에 따라 개인이 느끼는 행복의 정도가 달라지는 것이다.

누군가에게 그늘은 좋은 쉼터가 되겠지만 누군가에게는 어둡고 추운 그림자처럼만 느껴질 것이다. 누군가에게 비는 갈증을 풀어주는 고마운 축복이겠지만 누군가에게는 옷을 젖게 만드는 불청객일 수도 있다. 그래서 어떤 길을 가며 언제 무엇을 만나는가보다는, 그 상황을 내가 어떻게 받아들이고 얼마나 현명하게 지나가기를 선택하느냐가 중요하다. 결국 그 차이에 따라 행복의 무게도 달라진다.

행복을 양팔 저울에 올려놓는 순간 우리는 불행해진다. 언제나 나보다 행복해 보이는 사람만을 반대편에 올려놓을 테니 나는 늘 부족한 인생을 사는 것처럼 보일 것이다.

이와 달리 행복을 자신만의 몸무게 위에 올려놓고 그 무게를 조금씩 살찌우기 위해 노력하는 사람은 날마다 감동하며 살아갈 수 있다. '남들에 비해 내가' 어떤지가 중요한 게 아니라 '어제의 나에 비해 오늘의 내가' 어떤지에 관심을 두고 살아가야 한다는 의미다. 그렇게 하면 진짜 행복이 보일 것이다.

행복한 사람들과 거리를 두어야 나의 행복을 지킬 수 있다고 생각하는 사람은 그 자리를 떠나서도 결코 행복할 수가 없다. 비록 고개는 돌렸을지 몰라도 여전히 그의 관심은 자신이 아닌 다른 사람의 행복에 가 있기 때문이다.

나의 행복에 집중해야 한다. 지금의 어려움이 그 행복을 뺏어가지 못하도록 해야 한다. 오늘의 고난을 좀 더 평범하게 받아들이고 그 시간마저 결국 지나가리라는 것을 믿으면 당장 이 순간부터 행복한 하루를 선택할 수 있을 것이다.

마지막 남은 선택

첫번째펭귄의 선택 27
우리 주변에는 죽이는 선택을 통해 생명 없는 성공을 이루려는 사람들이 너무도 많다. 생명 있는 꿈을 꾸는 사람은 선택 하나를 하면서도 누군가를 살린다.

한동안 게임을 멀리했던 나를 스타크래프트 이후 수년 만에 다시 게임의 세계로 빠져들게 한 것이 있었으니, 바로 선데이토즈가 만든 스마트폰 게임 '애니팡'이다.

오래전 스타크래프트에 입문할 때와 마찬가지로 한동안 이 게임을 모르면 사람들과 대화가 통하지 않을 정도였기에 한번쯤 들여다보지 않을 수 없었다. 그런데 게임을 할수록 화면 속 동물들이 우리 인생에 던지는 메시지가 꽤 있다는 사실을 발견했다. 이에 게임을 모르는 사람들에게도 유익할 것이라는 생각이 들어 메시지를 열 가지로 나누어 정리해보았다.

첫째, 넓게 보자.

애니팡은 가로세로 일곱 개씩의 블록으로 구성되어 어느 쪽으로 든 똑같은 캐릭터 세 개를 맞추면 해당 블록이 깨지는 게임이다. 나 같은 아마추어들은 보통 한곳에 집중해서 세 개의 캐릭터를 맞추는 데 온 신경을 쏟지만, 고수들은 이미 하나를 깨뜨릴 때 동시에 다른 곳을 보며 게임을 한다. 전체를 보면서 다음 번 깨뜨릴 블록까지 찾 다 보니 남들보다 훨씬 많은 점수를 올릴 수 있다.

이와 마찬가지다. 인생도 너무 국지적으로만 바라보면 큰 그림을 그리지 못하므로 가끔은 멀리 떨어져서 넓게 보는 습관을 들여야 한다.

둘째, 한 번에 하나씩 해결하자.

아무리 고수라도 애니팡 블록은 정확히 동시에 두 개 이상이 깨질 수 없게끔 되어 있다. 급한 마음에 오른손과 왼손으로 서로 다른 블 록을 깨뜨리자면 어느 한쪽도 제대로 인식되질 않는다. 인생도 게임 도 모든 일에는 순서가 있는 법이다.

셋째, 혼자서는 아무것도 할 수 없다.

말했다시피 애니팡은 가로든 세로든 똑같은 캐릭터 세 개가 맞아 야 블록이 깨진다. 가끔 도움받기를 꺼려하고 혼자서만 모든 일을 해결하려는 사람들이 있는데, 성공한 사람들일수록 주변 사람들과 의 왕성한 화학작용이 있었음을 기억해야 한다.

넷째, 가끔은 단번에 일이 풀리는 운도 찾아온다.

블록을 열심히 깨뜨리다 보면 중간에 '폭탄'이 생긴다. 더 이상 깨뜨릴 블록이 보이지 않을 때 이 폭탄을 누르면 폭탄이 위치한 가로줄과 세로줄이 한꺼번에 터지는 짜릿함을 맛볼 수 있다. 멈추지 않고 움직이는 것 자체가 훌륭한 '운의 씨앗'이 되는 것이다.

다섯째, 기회가 이어질 때일수록 더욱 집중하자.

애니팡은 연속해서 빠르게 블록을 깨뜨려 나갈수록 추가 가산점이 붙는다. 이것을 '콤보'라고 하는데, 애니팡 고수들은 바로 이 콤보의 개수가 남보다 월등히 많다. 똑같이 열 개의 블록을 깨뜨려도 띄엄띄엄 깨뜨리는 것과 콤보로 깨뜨리는 것에는 엄청난 점수 차이가 난다. 따라서 한 번의 기회가 왔다고 해서 쉽게 흥분하지 말고 그런 순간일수록 더욱 집중해서 계속적으로 기회를 이어가는 것이 중요하다.

여섯째, 내공은 보너스를 만들어낸다.

애니팡은 여러 번의 게임을 통해 누적된 점수가 일정한 수준에 도달할 때마다 레벨이 계속 올라간다. 그리고 매 게임마다 레벨에 따른 보너스 점수가 주어지는데, 이 때문에 3단계인 사람이 이룬 10만 점보다는 7단계인 사람이 만든 10만 점이 최종 점수에서는 더 높게 표시된다. 똑같은 개수의 블록을 깨도 최종 결과에서 차이가 나는 것이다.

인생도 마찬가지다. 우리도 현재 하고 있는 일에서 당장 큰 차이가 안 보이더라도 꾸준히 반복하고 시도하는 가운데 내공이 쌓이면 어느 순간 남들과 똑같은 에너지를 사용하고도 더 많은 성과를 기대할 수 있다.

일곱째, 가끔은 다른 사람들과 열매를 나누자.

애니팡은 게임을 할 때마다 '하트'를 하나씩 소진하게 되는데, 무료로 제공되는 하트의 수가 정해져 있어서 하트를 다 사용하고 나면 자동으로 채워질 때까지 게임을 할 수 없다. 그런데 가끔 이 게임을 하는 지인이 하트를 한 개씩 선물해주어 즐거움을 연장할 때가 있다. 인생에서 나의 작은 나눔이 누군가에겐 큰 행복이 되는 것이다.

여덟째, 에너지가 떨어졌을 땐 무리하지 말고 기다리자.

하트가 모두 소진되면 두 가지 방법 중 하나를 선택할 수 있다. 시간이 흘러 하트가 채워질 때까지 기다리거나 돈을 주고 하트를 사는 것이다. 하지만 급한 마음에 형편없는 실력으로 하트부터 사들이면 돈만 허비하는 꼴이 된다. 가지고 있던 에너지를 모두 소진하여 방전 상태에 빠졌다면 무리해서 나아가기보다 과거를 돌아보며 잠시 쉬면서 때를 기다리는 것도 좋은 방법이다.

아홉째, 영원한 일등도 영원한 꼴등도 없다.

애니팡은 함께 등록되어 있는 사람들끼리 실시간 순위를 확인할 수 있는데, 아무리 높은 순위에 있더라도 일주일마다 점수가 초기화되어 새로운 랭킹이 시작된다. 지금 어느 자리에서 무엇을 하고 있든 세상에 영원한 자리는 없으므로 늘 내일을 준비하고 과거에 머무르지 않는 지혜가 우리에겐 필요하다.

열째, 'Time Over'는 금방이다.

애니팡 한 게임에 걸리는 시간은 단 1분이다. 그 1분 동안 최대한 많은 블록을 깨뜨리기 위해 동공은 확대되고 심장박동은 빨라진다. 그렇게 온 힘을 다하여 조금이라도 높은 점수를 얻기 위해 몸부림을 치지만 'Time Over'라는 소리가 들리면 더 이상 할 수 있는 것이 없다. 그저 내가 열심히 수고한 결과가 정산되는 과정을 바라보는 수밖엔…….

인생은 더 말할 것도 없다. 그러므로 한눈팔지 말고 최선을 다해서 움직일 수 있을 때 열심히 움직이자. 우리 삶의 'Time Over'가 언제가 될지는 아무도 모른다.

게임이 알려주는 이 열 가지 선택의 교훈 외에도 우리가 마지막으로 반드시 해야 하는 선택이 하나 남아 있다.

얼마 전 참 충격적이고 가슴 아픈 뉴스를 접했다. 사업 실패로 빚 독촉에 시달리다 경제적 어려움을 겪던 30대 가장이 아내는 물론이고 두 어린 자녀의 목숨까지 끊고 자신도 스스로 생을 마감했다는 내용이었다. 어른들이 느꼈을 삶의 무게야 오죽했겠냐마는 아무것도 모르는 두 아이에겐 무슨 불행인가 싶어 한참을 멍하니 있을 수밖에 없었다.

앞서 말했듯 우리나라 10대, 20대, 30대의 사망 원인 1위는 다름 아닌 자살이다. 국민 전체를 놓고 보더라도 OECD국가 평균의 3배가 넘는 자살률이다. 누구는 압축성장의 부작용 때문에 너무 살기 힘든 나라가 되었다 하고, 또 누구는 요즘 사람들의 정신력이 유독 약한 것이라고 말하지만, 무엇이 맞는 말이든 이미 떠나간 그들의 남모를 고통을 누가 감히 다 이해한다 말할 수 있겠는가.

그럼에도 한 가지 분명한 것은 그 사람의 극단적인 선택으로 인해 주변의 또 다른 누군가는 평생을 고통과 슬픔 속에 살아가야 한다는 사실이다. 본인뿐만 아니라 주변의 더 많은 사람을 함께 '죽이는 선택'이 되어버린 것이다.

하지만 자살처럼 실제 목숨을 내던지는 선택만이 죽이는 선택은 아니다. 자신을 포함한 누군가의 육체에 해를 가하고 영혼을 피폐하게 만드는 모든 행위가 이미 죽이는 선택이다.

학교와 직장에서 누군가를 따돌려 상대의 마음을 병들게 만들고, 음식에 나쁜 첨가물을 섞어 소비자들을 우롱한다. 또한 성폭력과 사기가 오늘도 죄 없는 이들의 가슴을 찢는다. 밤마다 끊이지 않는 음주운전은 이미 누군가의 아빠와 자식을 죽이고 있는 것이며, 인터넷에 올리는 욕설과 값싼 비판은 상대방뿐만 아니라 나 자신도 죽이는 선택들이다.

물론 세상에는 이와 달리 '살리는 선택'들도 많다. 슈바이처 박사나 마틴 루터 킹 목사처럼 꼭 많은 이를 구원하는 엄청난 발자취가 아니더라도 우린 얼마든지 내 삶의 주변에서 살리는 선택을 해나갈 수 있다.

좋은 TV 프로그램과 좋은 책은 대중의 아픈 마음을 살릴 수 있다.

실의에 빠진 친구에게 먼저 다가가 친구의 어깨를 두드려주는 것만으로도 이미 그는 살리는 선택을 하는 것이다. 나도 숨 가쁘게 달려가는 것이 벅차고 분주하지만 주변의 넘어진 동료를 일으켜 세워 함께 걸어가는 여유, 당장 내가 누리는 영광을 사람들 앞에 자랑하고 싶어도 그렇지 못한 사람을 배려하여 조금 참아낼 줄 아는 지혜, 시험을 망쳐 의기소침해 있는 자녀에게 그래도 또 기회가 있고 잘할 수 있다는 희망을 불어넣는 격려 등, 일상의 따뜻하고 현명한 행동 모두가 상대방뿐만 아니라 나 자신도 함께 살리는 빛나는 선택들이다.

다시 말해, 죽이는 선택만 하는 사람이 따로 있거나 살리는 선택만 하는 사람이 따로 있는 것은 아니라는 것이다. 우리는 살아가며 수시로 두 가지 선택 사이에서 고민하고 나도 모르는 사이에 이미 둘 중 하나를 선택하여 나 자신을 포함한 누군가를 살리거나 혹은 죽이고 있다.

따라서 평생 살리는 선택을 하며 살기 위해서는 꿈을 꾸더라도 '생명이 있는 꿈'을 꾸어야 한다. 생명 없는 꿈을 향해 달려가는 사람은 굳이 누군가를 살릴 이유가 없기 때문에 옆 사람이 왜 아파하는지 관심이 없을뿐더러 병들어가는 자신을 알아챌 겨를도 없다. 자신의 꿈을 이루기 위해 다른 사람들이 조금 불편함을 겪는 것쯤은 있을 수 있다고 생각한다. 우리 회사나 내 가족의 꿈을 이룰 수만 있다면 적당한 거짓과 눈가림 정도는 용서받을 수 있다고 단정한다.

하지만 이런 식의 생명 없는 꿈들이 모여 결국 우리 모두가 죽이는 선택에 둔감해진 것은 아닌지 되돌아봐야 할 때다. 지금 우리에게는 생명의 꿈, 살리는 선택이 그 어느 때보다도 절실한 시기다.

이제 또다시 당신이 선택할 차례다. 당신은 어떤 선택을 할 것인가? 죽이는 선택을 할 것인가, 살리는 선택을 할 것인가?

PART 2
어떻게 선택받을 것인가?

CHAPTER 6
머릿속에 불을 켜면
고민하지 않는다

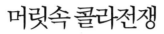

머릿속 콜라전쟁

첫번째펭귄의 선택 28
사람은 감정의 동물이다. 대부분의 경우 자신도 모르는 사이에 이성보다는 감정과 무의식에 영향을 받아 선택하지만 그것을 스스로 인정하기란 쉽지 않다.

사람은 감정이 더 강할까, 이성이 더 강할까?

아마 공부 좀 하거나 머리 쓰는 일을 주업으로 삼고 있는 사람일수록 자신은 이성적으로 판단하며 살고 있다고 확신할 것이다. 인간은 지구상에서 유일하게 문자를 사용하며 가장 발달한 뇌를 가지고 있다. 그러다 보니 감정은 언제나 부수적인 것일 뿐 사람은 지극히 이성적이고 합리적인 동물이라는 전제에 우리는 길들여져 왔다.

하지만 이미 신경과학이나 심리학 등에서는 사람이 지극히 감정적이고 비합리적이며 무의식적인 동물이라는 연구 결과들을 많이 내놓고 있다. 특히 과학 기술과 의학 발전은 그동안 우리가 근접할 수 없었던 사람의 '뇌'가 가진 비밀을 벗겨내는 데 결정적 기여를 하고 있다.

1970년대 후반, 펩시콜라는 펩시챌린지Pepsi Challenge라는 슬로 건으로 전 세계에 독특한 TV광고를 선보였다. 우리나라에는 1980 년대 초에 방영된 이 광고에서, 실험자는 행인들을 붙들어 안대로 눈을 가리고는 두 컵에 담긴 콜라를 차례로 맛보게 했다. 한쪽에는 펩시콜라가, 다른 한쪽에는 코카콜라가 있지만 눈을 가린 행인은 어떤 컵에 무슨 콜라가 들어 있는지 알지 못한 채 순전히 '맛'으로만 콜라를 평가했다.

이 블라인드 테스트 결과는 그동안 '콜라는 역시 코카콜라'라 생각했던 대중을 놀라게 하기에 충분했다. 실험에 참가한 행인 중 절반 이상이 펩시콜라가 담긴 컵을 선택했기 때문이다. 눈을 가리고 맛으로만 평가해본 결과 펩시콜라가 코카콜라보다 더 맛있었다는 의미다.

안대를 벗어 자신이 선택한 것에 놀라는 행인들의 모습으로 광고의 하이라이트가 장식되었다. 각국에서 방송된 이 광고 덕분에 펩시콜라는 역사상 유일하게 코카콜라에 대적할 만한 음료 브랜드가 될 수 있었다.

하지만 이 같은 실험 결과에도 불구하고 시장에서는 마케팅 전문가들을 의아하게 만드는 현상이 나타났다. 펩시콜라의 점유율이 확실히 많이 올라갔다고는 하나 여전히 실제 매장에서는 훨씬 더 많은 사람이 코카콜라를 선택하더라는 얘기다. 사람이 이성적이고 합리적인 게 분명하다면 가격도 비슷하고 맛도 좋은 콜라를 사 마시는 것이 당연할 텐데, 이상하게 더 많은 사람이 계속 '맛없는' 콜라를 선택하는 이해할 수 없는 행동을 하더라는 것이다. 아마 콜라를 실제로 구매하는 과정에서는 브랜드를 확인하기 때문에, 습관적으로 코카콜라 브랜드를 선호했던 사람들이 펩시콜라를 외면했을 것이라는 추측만 할 뿐이었다. 그리고 이 추측은 20년이 흐른 뒤 더 정확한 실험에 의해 추측이 아닌 사실로 판명되었다.

2003년 미국의 베일러대학교 의대 신경과학자 리드 몬태규 박사의 연구팀은 20여 년 전 펩시콜라가 했던 실험을 다시 한 번 해보기로 했다. 다만 이번에는 길거리 행인들을 대상으로 하지 않고 fMRIfunctional Magnetic Resonance Imaging, 기능성 자기공명영상 장치라는 기계에 피실험자들을 넣고 펩시콜라와 코카콜라를 마실 때의 뇌 반응을 살펴보았다.

처음에는 눈을 가리고 양쪽 컵에 담긴 콜라를 마시도록 했는데, 두 경우 모두 뇌에서 달콤한 맛을 감지하는 일종의 '보상 영역'에서 반응을 보였다. 하지만 피실험자들의 안대를 벗긴 후 어떤 콜라인지를 알고 마시게 했을 때는 더 확실한 차이가 나타났다. 특히 코카콜라라는 사실을 알고 마신 경우 뇌에서는 추가로 또 다른 영역, 즉 선호도와 브랜드 가치를 판단하는 '감정 영역'이 강한 빛을 보이며 반응했다. 이는 실제로 코카콜라가 이미 뇌 속에서부터 펩시콜라를 이기고 있다는 사실을 분명하게 보여준 획기적인 실험이었다.

이런 감정 영역은 사람의 뇌에서도 특히 '변연계'라는 부위를 중심으로 넓게 퍼져 있는데, 변연계는 감정적이고 비합리적이며 무의식적이라는 특징이 있다. 그리고 지금까지 신경심리학 전문가들이 밝혀낸 바에 의하면, 사람이 무엇인가를 놓고 선택할 때 바로 이 영역이 최소 70퍼센트에서 최대 95퍼센트 이상까지를 차지하며 영향을 미친다고 한다. 다시 말해 사람은 본인이 무엇에 영향을 받고 있는지 제대로 인식하지 못한 채 머릿속에 떠올리는 나머지의 이성적인 이유들 때문에 그것 혹은 그 사람을 선택했다고 믿게 되는 것이다.

반면 전두엽을 중심으로 한 사람의 이성 영역은 변연계가 올린 결재서류를 감독하고 제어하며 선택의 이유를 합리적으로 만들어 설명해주는 역할을 담당한다. 사실은 '코카콜라'라서 더 좋아하는 것일 뿐인데, '코카콜라가 더 맛있어서' 선택했다고 말하는 것처럼 말이다(물론 위의 'Branded Test' 결과를 놓고 보면 브랜드를 보았을 때 사람의 뇌가 실제로 코카콜라를 더 맛있다고 '느낀 것'은 사실이다).

이처럼 본인의 지식과 상식을 크게 벗어나지 않는다는 판단이 서면 전두엽은 웬만해선 변연계가 올린 서류에 그대로 사인을 한다. 전두엽을 다친 사람이나 치매환자가 감정을 잘 조절하지 못하고 아이로 돌아가는 현상 역시 변연계 등에서 올라오는 본능적인 감정의 욕구를 조절하지 못하기 때문으로 추정되고 있다. 술에 취한 사람이 감정적으로 바뀌는 이유도 알코올이 전두엽의 활동을 억제하여 벌어지는 변연계의 돌출 행동으로 파악된다.

이러한 뇌가 가진 선택의 메커니즘은 지금도 어디선가 세상의 선택을 받기 위해 애쓰는 사람들에게 무척이나 고맙고도 중요한 힌트를 던져준다. 바로 상품이든 사람이든 누군가의 선택을 받고자 한다면 먼저 그 상대방의 머릿속에 불을 켤 수 있어야 한다는 사실이다.

이미 켜져버린 불

첫번째펭귄의 선택 29
호감을 불러일으킨다는 것은 상대방의 뇌 속에 불을 켜는 행위다. 이것에 성공하는 기업과 개인은 사람들의 선택을 이끌어내는 데에서 훨씬 더 유리한 고지를 선점할 수 있다.

혹시 세계영화 역대 흥행 순위 1, 2위를 기록한 작품들을 알고 있는가? 평소 영화를 잘 안 즐기던 사람들도 웬만해서는 신기한 안경을 다 끼고 봤다는 〈아바타〉가 1위에 올라 있으며, 어느 난간에서나 주인공들의 흉내를 내게 만든 〈타이타닉〉이 그 뒤를 장식하고 있다. 더욱 놀라운 것은 이 두 편의 영화가 같은 사람에 의해 만들어졌다는 사실이다. 바로 〈에이리언〉과 〈터미네이터〉 등으로 우리에게 잘 알려진 제임스 캐머런 감독이다.

특히 2009년 연말에 개봉해 2013년 1월 현재까지 최고 흥행 기록을 내주지 않고 있는 영화 〈아바타〉는 우리나라에서만도 약 1,300만 명의 관객을 끌어 모으며 역시 국내영화시장 흥행 1위에도 올라와 있다. 극장을 찾아 영화를 볼 만한 사람은 다 봤다는 얘기다. 그럼에도 불구하고 이 영화를 보는 내내 우리의 의지와 상관없이 자기 머릿속에 불이 켜져 있었다는 사실을 아는 사람은 별로 없는 것 같다.

시나리오를 구성한 후에도 무려 12년 동안이나 관련 촬영 기술이 발전하기를 기다릴 만큼 아바타 제작 군단의 성공 의지는 대단했다. 특히 5년간 아바타 제작에 혼신을 기울였던 캐머런 감독은 엄청난 시간과 비용이 들어간 이 영화의 성공을 확신할 수 없었다고 한다. 그래서 전문가들에게 의뢰한 방법이 바로 fMRI를 활용해 관객들의 뇌 반응을 미리 살펴보는 것이었다.

실험 결과는 놀라웠다. 실험에 참여했던 사람들의 뇌가 기존의 2D 영화를 볼 때보다 3D 형태의 아바타를 볼 때 훨씬 더 큰 자극을 받는다는 사실을 발견한 것이다. 이 실험을 통해 캐머런 감독도 아바타의 흥행을 어느 정도 확신할 수 있게 됐음은 물론이다.

이처럼 사람의 뇌 반응을 일으켜 지갑을 열게 만드는 뉴로마케팅 Neuro Marketing 기법은 이미 2000년대 초반부터 글로벌 기업들을 시작으로 급속히 퍼져나갔다. 그 강력한 효용성들이 검증되면서 현재는 우리가 일상적으로 접하는 수많은 광고와 오프라인 매장, 그리고 각종 메시지 등에 활용되어 우리 의지와는 상관없이 머릿속 불을 수시로 켜고 있다. 그리고 그러한 비밀스런 작업들에 영향을 받아 오늘도 우리는 무엇인가를 선택하고 있다.

2009년 출시되어 국내 중대형 승용차 업계에 지각 변동을 일으켰던 기아자동차의 'K7'은 뉴로마케팅 기법을 통해 소비자들이 가장 선호할 만한 이름을 찾아낸 대표적인 사례다. 국내 화장품 업계 1위인 아모레퍼시픽 역시 이미 2004년부터 뉴로마케팅을 도입해 제품 개발에서 포장 그리고 매장과 광고모델 선정 등 전 과정에 걸쳐 브랜드 파워를 강화시키고 있다.

반면 30초 광고에 20억이 넘는다는 미국 슈퍼볼 광고 중에서는 엄청난 비용을 쏟아 붓고도 불과 20퍼센트 정도의 제품만 소비자들의 뇌 속 구매심리를 유도한 것으로 분석됐다고 하니, 앞으로는 소비자들의 뇌를 정복하기 위한 기업들의 노력이 더더욱 치열해질 것으로 예상된다.

하지만 이처럼 누군가의 머릿속 불을 켜야 하는 것은 비단 소비자들을 끌어당겨야 하는 돈 많은 기업들만의 숙제가 아니다. 물론 사람들에게 존재하지 않던 신기한 영역을 새롭게 창조해내는 것과는 더더욱 상관이 없는 문제다. 신경과학이나 뉴로마케팅의 발견은 단지 그동안 우리가 볼 수 없었던 부분을 좀 더 명확하게 보여주며 증명하고 있는 것일 뿐, 사실 우리 주변의 누군가는 이미 사람들의 머릿속 불을 켜가며 자신에 대한 호감도를 높이고 있었다. 그것이 의식적인 작업이었든 무의식적으로 표출하는 느낌이었든, 과학이 발달하기 훨씬 이전부터 사람 사이에 선택을 이끌어내는 원리는 변함이 없었다는 얘기다.

스위치를 켜다

첫번째펭귄의 선택 30

타인의 머릿속 불을 켤 수 있어야 거기에서부터 선택도 끌어낼 수 있다. 우리는 이미 이런 선택의 핫버튼을 눌러 행복을 선물하고 있는 사람들을 종종 만난다.

누군가의 선택을 끌어내기 위해서는 그 사람의 머릿속 불을 켜야 한다는 사실을 설명했다. 아무리 논리적이고 합리적인 대안을 만들어 제시할지라도 결국 상대방의 무의식을 사로잡지 못하면 선택을 이끌어내는 데 실패할 확률이 높아진다.

좋은 상품을 만들어놓고도 소비자들을 끌어오지 못하는 이유는 사람들의 머릿속을 번쩍이게 하는 그 무엇이 부족하기 때문이다. 아무리 훌륭한 외모와 스펙을 가졌어도 면접관의 마음을 사로잡지 못한다면 그 이유 역시 상대의 머릿속에 숨겨진 스위치를 켜지 못하기 때문이다.

EBS에서 재미난 실험을 한 적이 있다. 열 명의 피실험자를 초대하여 가상의 동일한 인물을 대상으로 1:1 채용면접을 진행하는 실험이었는데, 피실험자들은 작가가 미리 준비한 똑같은 질문들을 던지게 되어 있었고, 면접을 보는 실험 도우미에게도 똑같은 대답을 할 것을 주문했다.

그런데 이 안에는 열 명의 피실험자들이 눈치채지 못한 진짜 실험이 따로 숨어 있었다. 담당 PD는 한 사람씩 엘리베이터를 함께 타고 올라가며 다섯 사람에게는 차가운 콜라 잔을, 나머지 다섯 사람에게는 따뜻한 커피 잔을 잠시 들어달라 부탁했다. 그리고 이어진 면접에서 결과는 예상했지만 그럼에도 놀라웠다.

면접을 보러 온 실험 도우미는 열 명의 피실험자들이 던진 질문에 모두 똑같은 대답을 했지만, 면접 전에 차가운 콜라 잔을 들었던 면접관 다섯 명은 부정적인 근거, 그러나 나름대로 합리적인 이유를 대며 도우미를 채용하지 않겠다고 말했다. 따뜻한 커피 잔을 들었던 나머지 면접관은 모두 긍정적인 근거, 역시 합리적인 이유를 나열하며 실험 도우미를 채용하겠다고 답했다. 같은 질문에, 같은 사람의, 같은 답변으로 진행된 면접이었음에도 면접 전에 어떤 컵을 들었는지에 따라 면접 결과가 달라진 것이다.

사람의 무의식은 보이지 않지만, 그 무의식을 의도적으로 자극하는 것은 약간의 장치만으로도 얼마든지 가능하다는 것을 보여준 실험이다. 물론 피실험자들은 자신의 '합리적인 이유'가 그런 면접 결과를 도출해냈다고 믿겠지만 말이다.

현재 TV를 통해 흘러나오는 수많은 광고 역시 우리가 미처 인식하지 못하는 장치들을 이용해 소비자들을 자극하고 있다. 매장에서 흘러나오는 음악이 풍기는 운치도 소비자들의 지갑을 여는 데 적극 활용되고 있으며, 전문 카피라이터들은 사람들의 마음을 움직일 법한 '마법의 언어'를 찾아 고심을 거듭한다.

미국에서는 종업원의 의도적이고 가벼운 터치가 손님에게서 더 많은 팁을 이끌어낸다는 연구 결과도 있고, 이스라엘 판사들의 판결 내용과 그들의 식사 시간을 분석해봤더니 공복일 때보다 식후에 긍정적인 판결을 내놓는 경우가 훨씬 높았다는 연구 결과도 있다.

이미 수많은 기업이 소비자들의 마음을 끌어당기기 위해 뉴로마케팅이나 행동경제학 등의 분야에서 밝혀낸 이 같은 사실들을 활용하고 있다. 그런데도 정작 소비자들은 오늘도 자신이 '똑똑한 소비'를 하고 있다는 착각에 빠져 카드를 긁는다.

이 연구는 인간관계에도 똑같이 적용될 수 있다. 왠지 주는 것 없이 얄미운 사람이 있고, 딱히 말로 표현하기는 어렵지만 신뢰가 가지 않는 사람도 있다. 틀린 말 하나 없지만 동의하고 싶지 않을 때가 있고, 처음 본 사람인데도 계속 대화하고 싶은 경우도 있다. 이 모두가 내 머릿속에 불이 켜져 있느냐 꺼져 있느냐에 따라 정해진다.

어느 날 모르는 번호로 전화 한 통이 걸려왔다.

"여보세요?"

뚝! 잘못 걸려온 전화였다. 전화를 잘못 걸어온 것까진 얼마든지 이해할 수 있지만, 요즘처럼 번호도 다 뜨는 세상에서 '미안하다'는 말 한마디 없이 그런 식으로 전화를 끊어버렸어야 했는지는 도저히 이해할 수가 없었다. 혹시라도 진짜 나를 찾는 전화였을 수도 있어 찍힌 번호로 다시 전화를 걸자 그제야 젊은 남자가 미안하다며 억지

스런 사과를 했다. 얼굴 한 번 본 적 없는 그 사람은 순간적으로 내 머릿속의 불을 완전히 꺼버렸다. 만일 이런 행동이 그의 평소 상식이었다면 그는 어디 가서도 원하는 선택을 받지 못할 인물이다.

반대로 뜻하지 않게 내 머릿속에 환한 불을 켜준 사람도 있다. 얼마 전 지하철을 타고 목적지로 이동하던 중 객차에서 라이브로 흘러나온 방송이다.

"오늘같이 좋은 날씨에 행복과 낭만과 기쁨이 넘치는 하루가 되시기를 바랍니다. 승객 여러분의 편안한 여행을 위해 좀 더 세심하게 열차를 운행하도록 하겠습니다!"

지하철 안에서는 좀처럼 듣기 힘든 특별한 인사말이었다. 조용했던 객차 안에 뜻밖의 방송이 흘러나오자 나처럼 스피커를 찾아 두리번거리는 사람들이 많았던 것을 보면, 그는 분명히 평소에도 많은 승객의 머릿속에 밝은 빛을 켜며 운행하는 승무원이었을 것이다.

조직원들의 머릿속 스위치를 켜는 리더십, 국민들의 머릿속 스위치를 켜는 정치력, 인사 담당자의 머릿속 스위치를 켜는 면접, 청중의 머릿속 스위치를 켜는 강의……. 결국 사람은 이런 머릿속 불이 켜져야만 선택하고 싶은 마음도 생겨나는 것이다. 그리고 정말 지혜롭고 이성적인 사람들은 감정적이고 무의식적인 이 영역이 선택의 핫버튼Hot Button이라는 사실을 경험으로 깨닫고 이미 습관적으로 활용하고 있다.

지금 내가
무슨 짓을 한 거지?

두 병의 와인이 있다. 한쪽에는 30만 원이라는 가격표가 붙어 있고, 다른 한쪽에는 5만 원이라는 가격표가 붙어 있다. 사람들에게 두 와인을 시음하게 한 뒤 어느 와인이 더 맛있느냐고 물었다. 그러자 대부분의 사람은 비싼 와인이 더 맛있다고 대답했다. 하지만 그들은 몰랐다. 사실 두 병에 들어 있던 와인은 동일한 제품이었다.

하버드대학교 경영대학원의 제럴드 잘트먼 교수는 소비자들이 의식적인 선택을 하고 있는 듯하지만 사실은 감정이 지배하는 무의식적 영역이 실제 행동에 훨씬 더 많은 영향을 미치고 있다고 말한다. 본인은 실제로 더 맛있어서 선택한 것이라 주장하겠지만, 사실은 '아무래도 비싼 와인이 더 맛있겠지' 하는 무의식적 음성에 선택의 주도권을 내준 것처럼 말이다.

우리나라 가정집을 방문해보면 어떤 집은 삼성전자 제품으로 가득 찬 곳이 있고 또 어떤 집은 LG전자 제품으로 가득 찬 곳이 있다. 제품군에 따라 분명히 더 좋은 제품이 있을 텐데도 오랫동안 하나의 브랜드를 선호해온 소비자들은 무의식적 습관과 믿음에 따라 늘 같은 회사 제품을 선택하는 것이다. 이는 경제학 서적에 등장하던 합리적인 인간의 모습과는 거리가 멀다.

빨간색 옷을 입은 산타클로스를 보면 코카콜라가 떠오르고, 타이거 우즈를 보면 자연스럽게 나이키가 생각나는 것도 기업들이 의도적인 마케팅전략을 활용해 우리의 무의식 속으로 브랜드를 침투시켰기에 가능한 일들이다.

앞에서도 설명했듯 사람의 뇌에서는 선택의 이유를 생각해내는 작업보다 선택 행위 자체가 훨씬 빨리 일어난다. 그리고 이것은 단지 제품을 선택하는 과정에서만 목격되는 시스템이 아니라 사람을 선택할 때도 마찬가지로 작동된다. 예를 들어 소개팅이나 면접에서 첫인상이 몇 초 만에 결정된다거나, 잘생기고 예쁜 외모를 가진 사람이 성격도 좋을 것이라는 착각에 빠지는 이유도 이런 선택의 버튼이 우리 뇌 속의 무의식 영역에 숨어 있기 때문이다.

그러나 이러한 무의식의 영역은 우리 선택에 막대한 영향을 미치고 있으면서도 정작 실험이나 검사를 통하지 않고서는 우리의 의식이 미처 눈치 채지 못하는 영역이다. 빙산의 일각처럼 말이다. 그래서 무의식에 박힌 인상은 강력하며 쉽게 변하지 않는다. 누군가의 선택을 받기 위해 어떻게든 그 사람의 무의식에 나와 내 상품을 심어두어야 하는 이유가 바로 여기에 있다.

특히 선택의 메커니즘을 이해하고 있어야 하는 또 다른 중요한 이유는, 그래야만 선택받기 위해 공략할 대상을 정확하게 짚어낼 수 있기 때문이다. 이것을 모르면 단지 논리적이고 합리적인 접근만이 상대를 설득할 무기라 믿으며 객관적인 데이터에만 매달린다. 만일 그 방법이 정말 효과적이라면 회사에서는 면접 없이 서류전형만으로도 얼마든지 최고의 신입사원을 선발할 수 있을 것이다. 특히 결혼정보회사는 번거로운 만남 없이 상대방의 객관적 정보가 담긴 서류만으로도 최고의 커플을 성사시킬 수 있을 것이다.

하지만 선택에서 객관적인 데이터보다 중요한 것은 감정의 교감이고 무의식 영역의 활동이다. 그리고 그런 선택을 끌어내기 위해 반드시 전제되어야 할 작업이 바로 각인刻印이다.

각인이란 사람의 머릿속 깊숙한 곳에 웬만해선 지워지지 않을 나름의 기억이나 연상을 심어두는 것을 말한다. 우리가 선택받기 위해서는 상대가 먼저 나를 떠올리도록 하는 것이 가장 중요한데, 이 떠올리는 과정 자체가 상당히 무의식적인 반응이다. 즉, 소비자나 상대방이 가진 무의식적 영역에 나를 심어두는 작업이 각인이다.

누군가에게 나를 각인시키기 위해서는 다음의 3M을 활용할 줄 알아야 한다.

첫째, 매개체의 활용이다.

나는 7년 동안 빨간색 경차를 몰고 다녔다. 당시 내 지인들은 어디서든 똑같은 색상의 똑같은 차를 보면 내가 생각난다면서 심심치 않게 문자를 보내곤 했다. 빨간색 경차는 그들에게 김찬호라는 사람을 각인시킨 매개체Medium였던 것이다.

앞서 예로 들었던 산타클로스나 타이거 우즈는 각각 코카콜라와 나이키를 떠올리게 만드는 매개체다. 또한 우리가 연인에게 선물을 주는 행동에는 그 선물을 볼 때마다 자신을 떠올려주길 바라는 마음이 담겨 있다. 구겨 신은 운동화가 누군가를 떠올리게 한다면 그 신발 주인은 평소 신발을 구겨 신는 습관을 매개체로 다른 사람들의 머릿속에 각인된 것이다.

각인을 유도하는 매개체로는 상대가 일상에서 자주 접할 수 있는 대상이 유리하며, 특별한 선물이나 차별화된 컬러 등도 좋다.

둘째, 메시지의 활용이다.

언제나 창의적인 사고와 유쾌한 강의로 늘 나를 감동시켰던 고재혁 과장……. 지금은 서로 다른 곳에서 일하고 있지만 내가 처음 회사에서 강의라는 것을 배우기 시작했을 때 나의 롤모델이 된 동갑내기 동료다.

고 과장이 자신의 강의 때마다 사용하던 소개말이 있다.

"보면 볼수록 정이 가는 남자, 고재혁입니다!"

듣는 사람의 미소를 유발하는 이 인사말은 당연히 사람들에게 고재혁 과장을 각인시키는 훌륭한 메시지Message가 되었다.

'침대는 가구가 아니라 과학입니다'라는 메시지는 소비자들에게 브랜드를 각인시켰을 뿐만 아니라 침대를 선택하는 기준도 더불어 바꾸어놓는 획기적인 역할을 했다. 또한 '시골 의사 박경철'은 '시골 의사'라는 메시지를 통해 친근함과 전문성을 함께 느끼게 하여 자신을 각인시킨 좋은 예다.

메시지는 짧고 간결하여 쉽게 기억되는 내용이 좋다. 이는 면접이나 고객과의 첫 만남에서도 기대 이상의 효과를 볼 수 있다.

셋째, 분위기의 활용이다.

나는 주로 도서관과 북카페를 오가며 집필하는데, 특히 내가 자주 찾는 북카페는 차 한 잔만 시키면 인터넷에 토스트와 커피까지 무제한 이용할 수 있어 참 편리하다. 그런데 내가 이곳을 자주 선택하는 진짜 이유는 따로 있다. 그것은 바로 매장에서 흘러나오는 음악, 분위기Mood 때문이다. 이 매장의 배경음악은 재즈, 팝, 경음악 등 주로 조용하면서도 리드미컬한 곡들이 많은데, 1년이 넘도록 다녔음에도 그 음악들이 거의 바뀌지 않고 있다. 어떤 사람들은 매장관리에 너무 소홀한 것 아니냐고 반문할 수도 있겠지만, 나는 오히려 글쓰기에 편안한 그 음악들 덕분에 훨씬 잘 집중할 수 있었다.

애플 매장은 특유의 깔끔한 디자인과 분위기로 유명하다. 사람들은 애플 매장에서 느껴지는 '애플스러움'을 좋아하고 그런 매력적인 감성들은 제품 구매에도 긍정적인 영향을 미치며 애플의 이름을 더욱 각인시킨다.

사랑을 고백할 때는 메시지도 중요하지만 그 고백을 하는 장소나 환경 또한 긍정적인 답변을 끌어내는 데 결정적인 역할을 한다. 마찬가지로 이별의 계절이나 장소를 쉽게 잊지 못하는 것 역시 당시의 분위기가 각인되어 헤어진 사람을 떠올리게 만들기 때문이다. 분위기가 곧 매개체가 되는 것이다.

사람의 무의식은 눈에 보이지 않지만 절대적인 힘을 과시하며 우리의 선택을 끌어당긴다. 그리고 그 영역은 글로벌 기업들처럼 큰돈을 들이거나 전문가를 고용하지 않고도, 우리 같은 평범한 사람들역시 몇 가지 노력을 통해 얼마든지 움직일 수 있음을 보여준다.

선택받기 위한 마음이 간절하다면 무엇인들 못하겠는가.

시간을
거꾸로 돌리는 사람들

보험회사 방카슈랑스팀에서 교육을 담당하고 있을 당시에는 여러 은행 본부를 다니며 영업교육을 진행하곤 했다. 교육 장소에는 해당 본부의 담당자뿐만 아니라 은행본사 교육 담당자까지 와서 참관하는 경우가 많다. 그러다 보니 다른 본부를 가더라도 본사에서 나온 같은 담당자를 여러 번 마주치곤 한다. 무엇보다 그들은 교육을 진행할 수 있는 보험사 선택권을 가지고 있는지라 나처럼 회사를 대표해서 강의를 나가는 사람에겐 절대 '갑'이다. 하지만 그럼에도 대부분의 담당자는 깔끔한 매너와 서비스 마인드로 '을'의 입장인 보험사 직원들에게까지 성의를 보인다.

물론 정반대의 사람도 있다. 그중에서도 '갑'과 '을'의 정신에 투

철했던 A는 보험사에서 나온 강사들에게 함부로 대하는 것으로 유명했다. 강의 시작 전부터 "똑바로 안 하면 다음부터 기회도 없다"며 인상을 쓰기도 하고, "건방지게(물론 다른 사람들에겐 전혀 문제되지 않던 분위기에서) '여러분'이라는 용어를 썼다"며 한참 동안 잔소리를 퍼붓기도 했다. 30분 강의 시간 중 본인이 준비해온 '안내 말씀'을 20분 넘게 사용하고서도 강사에겐 남은 시간 동안 30분의 내용을 모두 전달하라는 등 어쨌든 여러 가지로 보험사 강사들에겐 인심을 잃었던 담당자다.

그런데 어느 날 A와 함께 같은 차에 동승해서 교육 장소로 이동해야 할 일이 생겼다. 목적지까지의 실제 이동 시간은 20분 정도였지만 나에게는 마치 두 시간처럼 길었다. 실제로 그때는 A가 나를 불편하게 하는 그 어떤 언사도 쓰지 않았지만 내 시계는 천천히 흐르다 못해 아예 거꾸로 흐르는 기분이었다.

많은 직장인이 공감할 만한 비슷한 상황이 상사와 함께하는 점심식사 시간일 것 같다. 딱히 관계가 나쁜 것은 아닌데 왠지 윗사람과 마주보며 하는 식사는 불편할 때가 많다. 그래서 리더는 식사 시간이 더 외롭다.

아무튼 이처럼 내가 싫어하거나 불편해하는 사람과 같은 공간에 있자면 시간이 안 가도 너무 안 간다. 혹시 정말로 이들이 시간마저 움직이는 사람들이라 그런 걸까?

미국 서던캘리포니아대학교 연구팀이 이런 현상의 과학적 근거를 밝혀낸 것은 그래서 더 흥미롭다.

사람의 뇌에는 '거울뉴런'이라는 세포가 있어서 상대가 특정한 행동을 하면 나도 모르게 그 사람을 따라 반응하게끔 만들어준다. 상대가 간지럼을 타면 왠지 모르게 내 몸도 움츠러들고, 머리를 다쳐 피 흘리는 환자를 보면 내 얼굴을 함께 찡그리는 것도 바로 이 거울뉴런 때문에 나타나는 현상들이다. 이러한 현상을 미러링Mirroring 이라고 하는데 그래서 거울뉴런은 공감, 즉 미러링을 일으키는 아주 중요한 역할을 하는 세포다.

서던캘리포니아대학교 연구팀은 바로 이 거울뉴런이 '싫어하는 사람과 함께 있을 때는 상대방의 행동을 실제보다 느리게 인식하게 만든다'는 사실을 발견했다. 내가 A와 차에 함께 있었던 시간, 그리고 상사와 함께하는 점심식사 시간, 이 모든 시간이 유독 천천히 흐르는 것처럼 느껴지는 이유는 그 순간 실제로 우리의 뇌 속에서 구체적인 반응이 일어나고 있기 때문이라는 설명이다. 어떤 관계가 설정되어 있느냐에 따라 사람의 뇌도 그에 따라 다르게 반응한다는 것을 보여주는 결과다. 안 그래도 그런 사람들과 같은 공간을 나누어 살아가야 한다는 사실 자체가 부담스러운데, 한 술 더 떠 그가 내 머릿속까지 조종하고 있다고 하니, 조금 무섭기까지 하다.

혹시 나 같은 강사에게 최고의 피드백이 무엇인지 짐작이 가는가?

"오늘 강의 정말 좋았어요!"

사실 예전에 교육 담당자로서 강의를 다닐 땐 이 말이 제일 듣고 싶었고 실제로 듣게 되었을 때 기분도 좋아지는 피드백이었다. 빤한 듯하지만 강의를 준비하고 진행한 사람에게 이보다 더 뿌듯한 칭찬이 있을까 싶었다.

그런데 본격적으로 프로 강사의 길로 접어든 후 어느 날, 이 말보다 나를 더 행복하게 만드는 피드백이 있음을 알았다. 그날 뒷자리에 앉아 있던 교육생이 교육을 마치자마자 내 앞으로 달려와 해준 그 한마디는 이거다.

"시간이 모자라요!"

그 말을 들은 직후부터 강의를 준비하며 새로운 목표가 생겼다.

'그래, 항상 오늘처럼 시간이 빨리 흐르는 것처럼 느끼게 만드는 그런 멋진 강의를 해보자!'

CHAPTER 7
세상이 나를
선택하게 하라

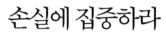

손실에 집중하라

첫번째펭귄의 선택 33
사람은 이익보다 손실에 훨씬 더 민감하게 반응한다. 이런 손실회피 성향을 적절히 활용하면 상대방은 나를 선택할 수밖에 없다.

동전을 던져 앞면이 나오면 1만 원을 받고 뒷면이 나오면 반대로 1만 원을 내야 하는 게임이 있다. 당신이라면 참여하겠는가? 실험 결과 대다수의 사람은 이 게임에 참여하지 않겠다고 대답했다. 확률은 똑같이 50대 50인데도 왠지 손해 보는 듯한 기분을 떨칠 수 없기 때문이다.

애인이 마음에 안 들고 하루에도 몇 번씩 남편을 갈아치우고 싶지만 쉽게 행동으로 옮기지 못하는 이유는 다음에 만나게 될 사람이나 상황이 지금보다 나으리라는 확신이 없기 때문이다. 섣불리 움직였다가는 지금보다 못한 시간을 보낼 수도 있다는 염려가 깔려 있는 것이다.

이와 마찬가지로 운동을 하는 것은 건강해지기 위함도 있지만 사실은 건강을 잃지 않으려는 이유가 더 크다. 돈을 주고 물을 사 먹는 이유는 깨끗한 물을 먹기 위함보다 오염된 물을 먹지 않으려는 심리에서 비롯된 것이다.

이처럼 사람은 본능적으로 이익보다 손실에 훨씬 더 민감한 반응을 보이는데, 이러한 심리를 '손실회피Loss Aversion'라 부른다.

대니얼 카너먼은 심리학자인 동시에 최초로 노벨경제학상을 받은 행동경제학의 아버지다. 행동경제학이란 완벽한 시장과 합리적인 선택을 가정해서 설명하는 전통 경제학과 달리, 사람들의 실제 심리와 현실에서 보이는 행동 패턴을 분석해 불완전하고 비합리적인 선택의 메커니즘을 설명해주는 학문이다.

대니얼 카너먼에게 노벨경제학상을 안겨준 '전망이론Prospect Theory'에서는 사람들이 일반적으로 이익보다 손실에 2~2.5배 정도 민감하다고 주장한다. 대부분의 사람이 얻는 것보다 잃는 것에 더 큰 심리적 반응을 보인다는 뜻이다.

동전 던지기 게임에 이 이론을 적용해보자. 동전을 던져 뒷면이 나왔을 때 1만 원을 내야 한다면 앞면이 나왔을 땐 최소한 그 두 배인 2만 원은 받아야 게임에 참여할 마음이 생긴다는 것이다. 상당히 비합리적이고 욕심쟁이처럼 보이지만, 사실 이것이 사람들의 진짜 속내다.

주말 어느 날 대형마트에 장을 보러 갔다가 집에 있는 TV 리모컨의 배터리가 떨어진 사실이 떠올랐다. 리모컨에는 작은 배터리 두 개가 들어갈 뿐이었지만 나는 여덟 개짜리 한 묶음에 네 개가 덤으로 더 붙어 있는 무려 열두 개짜리 배터리 팩을 구매했다. 물론 그 옆에는 두 개짜리 상품도 함께 진열되어 있었지만, 아무리 가격을 비교해봐도 원래 필요했던 두 개짜리 상품을 사는 것은 분명 손해처럼 보였다. 확실하게 손실회피 성향이 발현된 순간이다.

내 친구 중에는 사들이는 주식마다 가격이 떨어지는 마이너스 손이 있다. 그 친구가 다른 사람들에게 추천해주는 종목들은 비교적 성과가 괜찮은데도 유독 본인이 직접 뛰어드는 투자마다 별 재미를 못 본다.

오랜만에 식사를 하며 대화를 나누던 중 친구가 예전에 가지고 있던 그 주식을 아직도 손에 쥔 채 놓지 못하고 있다는 사실을 알게 되었다. 그 친구가 하는 말에서 나는 또 한 번 손실회피의 영향력을 확인할 수 있었다.

"최소한 본전은 찾아야지. 손해를 보고 빠질 순 없잖아?"

조금 안타까운 일이기는 하지만 국회의원이나 대통령을 선출하는 우리나라 선거 문화에서도 이와 비슷한 성향이 자주 드러난다. 언제나 내가 정말 존경하고 기대할 수 있는 후보에게 표를 던질 수 있다면 좋겠지만, 때로는 '저 사람(정당)은 절대 뽑아주면 안 돼!'라는 생각에 다른 쪽을 선택하는 경우가 많은 것이다. 우리에게 이익을 가져다줄 정치인을 선택하는 것이 아니라 반대로 손해를 끼칠 것으로 생각되는 사람을 걸러내기 위해 투표하는, 전형적인 손실회피 성향을 보이는 것이다.

결국 마트에서도, 주식시장에서도, 투표에서도 이 손실회피 때문에 누군가는 선택을 받고 이익을 보는 일이 생기고 있다는 얘기다.

물론 그들은 전략적으로 이러한 손실회피 성향을 이용하기도 한다. 다시 말해 우리도 이러한 성향을 잘만 활용한다면 내가 원하는 상대로부터 선택을 이끌어내는 데 효과를 볼 수 있음을 의미한다.

이 같은 가르침은 오히려 우리 자녀들에게서 배울 때가 많다. 영리한 아이들은 집에 귀한 손님이 왔을 때 부모에게 원하는 것을 말한다. 아이들은 손님 앞에서 부모가 시간을 끌거나 얼굴을 찡그릴 수 없다는 사실을 알고 있기에 평소보다 본인이 원하는 것을 쉽게 얻을 수 있는 절호의 기회를 놓치지 않는다. 부모들 역시 "밥을 안 먹으면 장난감은 없다"거나 "성적이 안 오르면 스마트폰을 사주지 않겠다"는 등의 협박 아닌 협박으로 자녀들과 손실회피 싸움을 치열하게 해나간다.

영업 조직에서 최고의 성과를 내는 직원이 있었다. 어느 날, 이 사람이 다른 회사의 스카우트 제의를 받아 옮기려 하자 조직은 필사적으로 그의 비위를 맞추며 다시 자리에 앉혔다. 당장 그가 빠져나가면 조직에 엄청난 손해가 생길 것이 불 보듯 빤했기 때문이다. 이 부분에 대해서는 뒤에서 다시 설명하겠지만, 어쨌거나 조직에서 귀한 일꾼으로 인정받기 위해서는 몸담고 있는 조직에 내가 없어선 안 될 만큼의 영향력을 보여주는 것이 대단히 중요하다.

누군가의 선택을 받고 싶은가? 그렇다면 상대가 당신을 선택하지 않았을 때 경험하게 될 손실을 말해주어야 한다. 협박을 하라는 얘기가 아니다. 당신이 줄 수 있는 것을 그 사람이 얻지 못했을 때 일어날 불편을 알게 해주어야 상대의 마음이 움직일 가능성이 커진다는 뜻이다. 눈치챘겠지만 그래서 상대에게 줄 것을 많이 만들어놓는 일 자체가 탁월한 능력이 되는 것이다.

지금 당장 수첩을 꺼내 세상에 내가 없을 때 사람들이 겪을 법한 불편을 적어보자. 그 리스트가 내가 가진 힘이고 나만의 브랜드를 만드는 기초다.

기준점을 파악하라

다른 사람의 호감을 끌어내기 위해 무엇보다 먼저 파악해둬야 할 점은, 상대방이 선택을 위한 기준점을 어디에 두고 있느냐 하는 것이다.

예를 들어 내가 친구 결혼식에 축의금을 5만 원 냈다고 가정해보자. 축의금은 둘째 치고 내가 자신의 결혼식에 참석할 것이라고 기대하지 못했던 친구 입장이라면 5만 원이라는 축의금은 의외의 큰 금액일 것이고 이는 자연스럽게 나에 대한 호감으로 이어질 수 있다. 반면 평소에 아주 각별한 사이라 더 많은 축의금을 기대했던 지인이, 내가 남들과 똑같이 5만 원을 봉투에 넣은 사실을 알게 되면 왠지 모를 서운함에 이후 내 얼굴을 볼 때마다 부정적인 감정이 생겨날 수도 있다. 결혼식 축의금으로 같은 금액을 받았으면서도 두 사람의 나에 대한 선호도는 극명하게 달라지는 것이다. 이는 훗날 그 사람의 선택에 충분히 영향을 미칠 기억으로 남는다. 상대가 누구냐에 따라 기준점을 다르게 설정해놓고 있어 나타나는 현상이다.

요즘은 예전과 달리 적절한 시기에 이직을 통해 자신의 가치를 올리기도 하고 좀 더 나은 환경에서 직장생활을 하려는 사람들이 많다. 그래서 이제 막 사회에 발을 내딛는 취업 준비생들만큼이나 기존 경력자들의 이직 행렬이 끊임없이 이어지고 있다. 당연히 선발 과정에서 경력자들에게는 신입사원 채용 때와는 다른 기준이 적용되게 마련이다. 특히 조직이 경력사원을 뽑을 때는 적응 기간을 최소화하면서도 즉시 전력감으로 활용할 수 있는 인재를 영입하기 위한 경우가 대부분이다. 따라서 경력자들에게는 과거 그 사람이 맡았던 업무의 성격이나 성과가 선발의 중요한 기준점으로 작용한다.

"이력서에서 보시는 바와 같이 저는 지난 7년간 최고의 영업 실적을 거두며 조직의 성장을 이끌어왔고, 거기서 쌓은 저만의 노하우와 잠재고객들은 이곳에서의 새로운 출발에도 큰 밑거름이 될 것이라 확신합니다!"

"저는 그동안 각종 관공서 홈페이지 제작에 참여한 경험이 풍부하여 그들이 선호하는 웹 환경에 대한 이해도가 높고 공무원들과의 업무 협조 능력 또한 탁월한 편입니다. 따라서 주로 지방정부의 홈페이지 제작에 관여하고 있는 귀사에 입사한다면 바로 제작 현장에 투입되어 기존의 멤버들과 어렵지 않게 호흡을 맞춰나갈 수 있을 것입니다!"

"상품 기획자로서 지금까지 제가 성공시킨 대표 브랜드로는 A, B, C 등이 있습니다. 특히 최근에 화제가 됐던 D 제품은 방송 때마다 연일 매진을 기록했으며 지금은 유명 탤런트가 드라마에 들고 나와 더욱 인기를 끌고 있는 상품입니다. 하지만 좀 더 다양한 분야의 상품을 가지고 더 큰 도전을 해보고 싶어 이번 경력직 채용에 지원하게 되었습니다!"

이처럼 과거의 경력을 살리며 이직을 원하는 사람들은 옮기고자 하는 직장이 필요로 하는 기준에 걸맞게 자신을 드러낼 수 있어야 한다. 그러기 위해서는 평소 철저한 경력관리를 통해 높은 수준의 업무 능력을 키워나갈 필요가 있다. 경력자 면접인데도 불구하고 학창 시절의 경험이나 신입사원들에게서나 볼 법한 패기만 앞세워서는 좋은 결과를 기대할 수 없다.

필요하다면 아예 상대방의 기준점을 내게 유리한 방향으로 바꿔 선택을 유도할 수도 있다. 얼마 전까지 우리 집은 지역 케이블 방송국에 매월 2만 원 정도의 요금을 지불하며 TV를 시청하고 있었다. 그러던 중 다른 통신사 전화상담원으로부터 약정 기간 동안 1만 원도 안 되는 저렴한 비용으로 위성TV로 교체할 것을 권유받았다. 상담원의 말대로 회사를 바꾸게 되면 확실히 비용은 아낄 수 있을지 모르겠지만 그동안 유선으로 받아보고 있던 TV만큼의 화질을 과연 위성TV가 구현해줄 수 있을까 하는 의구심에 나는 망설였다. 당장 지출되는 돈을 아끼는 것보다 더 좋은 화질의 영상을 시청하는 것이 내 선택의 기준점이었던 것이다. 그런 내 생각을 재빠르게 파악한 상담원이 이렇게 말했다.

"고객님, 일단 TV 화질에서는 큰 차이가 없을 거구요. 무엇보다 받아보실 수 있는 채널수가 지금보다 많아서 기존 이용 고객님들도 상당히 만족해하고 계세요. 요즘이야 TV 자체가 워낙 잘 나와서 화질의 차이보다는 얼마나 많은 채널을 보실 수 있는지가 더 중요해진 시대잖아요. 거기에다가 무료로 다시보기 서비스까지 제공되고 있어서 실제로는 훨씬 더 많은 방송을 보실 수 있게 되는 셈이에요."

결국 TV 방송 선택의 기준을 '화질'에서 '채널수'로 바꾸는 데 성공한 그 상담원의 노력 끝에 지금 나는 위성TV 방송을 보고 있다. 내가 만난 상담원은 화질을 강조하는 내 이야기에 실망하지 않고 선택의 기준점을 이동시켜 자신이 원하는 결과를 이끌어낸 것이다.

선택을 기다린다는 것은 내가 아닌 상대방에게 그 주도권이 있음을 의미한다. 따라서 1차적으로는 상대가 생각하는 기준점을 뛰어넘을 수 있도록 내 가치를 충족시키는 것이 무엇보다 중요하다. 당장 그것이 어려울 때는 상대의 기준점을 내게로 이동시킬 방법을 적극적으로 찾아봐야 한다.

익숙해질수록 더 노력하라

첫번째펭귄의 선택 35
익숙해진다는 것은 선택을 위한 나의 노력이 상대에게 더 이상 새롭지 않음을 뜻한다. 변화를 위한 끊임없는 노력만이 선택을 안정적으로 유지해준다.

우리에겐 단 한 번의 선택도 중요하지만 일상 속엔 오히려 꾸준한 선택을 이끌어내야 할 경우가 훨씬 더 많다. 우리 제품을 소비자가 계속 이용할 수 있도록 해야 하며, 회사가 나의 능력에 끊임없이 감동할 수 있도록 해야 하고, 연인과 부부 사이에는 사랑이 식지 않도록 상호간 변함없는 관심이 필요하다. 즉, 지속적으로 선택을 유지시키기 위해서는 상대가 나에게 익숙해질수록 내게도 더 많은 노력이 요구되는 것이다.

여기에서 말하는 익숙함이란 상대가 나에게 너무 익숙해진 나머지 내가 지속적으로 해오던 노력에 대해서도 둔감해진 상황을 의미한다. 둔감해진다는 것은 즐거움과 설렘이 떨어져 변화를 갈망하게 된다는 것이고, 그것은 곧 상대가 더 이상 나를 선택하지 않을 수도 있음을 경고하는 신호가 된다. 쉽게 말해 시간이 지날수록 나에 대한 민감도가 떨어진다는 뜻이다.

연애 시절엔 머리만 묶고 와도 내 여자친구가 다른 사람 같아 보이지만 결혼해서 살다 보면 와이프가 파마를 하고 왔는지 염색을 하고 왔는지도 못 알아보는 남자들이 수두룩하다. 이는 상호간 너무 친근한 모습들만 보이는 탓에 설렘보다는 익숙함이 차지하는 자리가 더 커져버려 그만큼 상대의 변화에 둔감해진 경우다. 이런 시간이 길어지면 서로를 선택하기 원했던 처음의 마음이 약화되어 안 좋은 감정이 싹트기도 한다.

예전엔 머리를 묶는 것만으로도 설렘을 유발시킬 수 있었다면, 서로에게 익숙해진 지금은 그 정도로는 쉽게 똑같은 설렘을 느끼기가 어렵다. 그래서 틈틈이 여행이나 특별한 이벤트 등으로 새로운 자극을 주려는 노력들이 요구된다.

이런 점은 일반인들에 비해 특히 연예인들에게 훨씬 더 많은 고민거리를 안겨준다. 처음엔 캐릭터가 신기하기도 하고 가지고 있는 콘텐츠가 신선해서 작은 행동만으로도 쉽게 반응을 이끌어낼 수 있었다. 하지만 시간이 지나 시청자들 눈에 익숙해지면 똑같은 방식으로는 더 이상 그 인기를 유지할 수 없다. 그래서 이들에게는 언제나 시청자들의 눈을 사로잡을 만한 새로운 그 무엇이 요구된다. 그 요구를 극복하지 못하면 엄청난 스트레스에 시달리게 되는 것이다.

회사에서도 보면 한두 가지 똑같은 재주만으로 어떻게든 가늘고 길게 생존해보려는 사람들이 있다. 처음에는 그들이 가진 능력도 조직에서는 꽤 쓸모 있다 싶겠지만, 시간이 지날수록 발전하는 모습을 보여주지 않으면 남들보다 선택의 끈이 빨리 끊어질 수도 있다. 사회 초년생 시절에는 선배들의 지시 사항을 잘 이해하고 시키는 일만 제대로 해낼 수 있으면 충분했지만, 시간이 갈수록 자신의 전문 분야를 확실하게 체득하여 주도적으로 능력을 발휘할 필요가 있다. 지위가 올라갈수록 의사결정이나 갈등관리 같은 리더십이 요구되기도 하고, 이동하는 부서에 맞춰 새로운 업무 능력을 익혀야 할 수도 있다. 어쨌든 조직이 나에 대해 둔감해지지 않도록 민감도를 높이기 위해 노력해야 한다는 얘기다.

이처럼 민감도 체감성은 긍정적인 감정과 부정적인 감정을 다루는 데도 응용될 수 있다. 즉, 긍정적인 감정은 즐거움이 오랫동안 유지될 수 있도록 하기 위해서 나눠 느끼도록 하는 게 유리하고, 부정적인 감정은 굳이 지속적으로 느끼도록 할 필요가 없으므로 당장은 부담스러워 보이는 듯하나 가급적 한 번으로 끝내는 게 바람직하다.

칭찬은 나눠서 지속적으로 하되, 훈계는 제대로 한 번에 끝내는 것이 상대의 감정을 효과적으로 관리하는 방법이다. 생일에 아무리 큰 이벤트를 해줘도 다음 날부터 관심이 미지근해지면 기쁨이 그리 오래가지 못하고, 매번 같은 사고를 반복한다면 상대의 감정은 극도로 악화되는 법이다.

최근 사회적으로 많은 문제가 되고 있는 약물중독이나 게임중독 역시 이 같은 사람의 본성을 잘 드러내주고 있다. 가면 갈수록 점점 더 강한 자극을 필요로 하다 보니 혼자 힘으로는 그 쾌락에서 쉽게 빠져나오지 못하는 것이다.

요즘 홈쇼핑을 시청하며 시간을 보내는 사람들도 많아졌다. 그런데 홈쇼핑에서는 단품보다는 '보너스'나 '세트 구성'이라는 이름으로 소비자들을 유혹하는 경향이 강하다. 같은 가격의 단품보다는 여러 상품을 묶어서 보여주는 것이 소비자에게 더 큰 만족감을 불러일으키기 때문이다.

우리는 상대방이 나를 익숙하게 여기도록 하여 선택의 가능성을 높이려 하지만, 익숙함의 함정에 빠져 새로운 즐거움을 전달하지 못하면 선택의 연결고리도 다시 약해질 수 있다는 사실을 알아야 한다. 따라서 첫 번째 선택의 순간에만 모든 것을 쏟아 부을 것이 아니라 이후에 지속될 관계 속에서도 상대가 좋은 선택을 했다고 생각할 수 있게끔 꾸준한 관리를 해나가야 한다.

마음속 장부에
이름을 올려라

첫번째펭귄의 선택 36
돈과 마찬가지로 사람도 마음속 어디쯤 위치해 있느냐에 따라 의미와 가치가 달라진다. 결정적인 순간에 선택을 받기 위해서는 이런 마음속 장부관리를 꼼꼼히 해나가야 한다.

고등학교 때 친하게 지냈던 친구가 하나 있다. 그는 예전부터 친구들 사이에서 돈 안 쓰기로 유명했다. 가끔 친구들과 십시일반으로 모아 떡볶이를 사 먹을 때도 언제나 빈 지갑을 보여주며 당당하게 자리를 함께했고, 서로 생일 선물을 챙겨줄 때도 그에게선 아무것도 기대하지 않는 편이 차라리 마음 편했다.

어느 날 그 친구 집에 들렀다가 나는 놀라운 장면을 목격했다. 친구의 방은 발 디딜 곳 하나 없이 온통 값나가는 '게임팩'과 '만화책'으로 가득했다. 물론 본인이 직접 용돈으로 사 모은 것들이었다.

평소 빈 지갑만 들고 다니던 친구를 생각하면 전혀 예상치 못한 광경이었기에 나도 모르게 허탈한 웃음이 새어나왔다. 그런데 눈치마저 없던 내 친구는 아주 신이 난 표정으로 자신의 보물들이 왜 특별한지 하나하나 설명까지 곁들였다. 그는 다른 친구들과 어울리며 쓰는 돈은 아까웠지만 게임팩과 만화책을 사는 돈은 전혀 아깝지 않았던 것이다.

가정에 가계부가 있고 기업에 회계장부가 있듯이 사람의 마음속에도 일종의 회계장부가 존재하는데, 이를 일컬어 '심적 회계Mental Accounting'라 부른다.

일반적인 회계장부에 예산과 지출 항목 등이 적혀 있듯이 우리의 마음속 장부에도 앞으로 사용할 예산과 과거에 지출한 금액들이 의식적으로든 무의식적으로든 기록된다. 그 심적 회계에 따라 같은 액수의 돈이라도 어느 항목에 들어 있느냐에 의해 기꺼이 사용할 돈과 꼭꼭 숨겨두어야 할 돈이 달라지는 것이다.

앞에서 소개한 내 친구의 경우, 그의 심적 회계에는 게임팩과 만화책 구입 항목에 넉넉한 돈이 들어 있어 언제든 구매욕을 자극하는 신상이 나오면 기꺼이 지출할 수 있었지만, 친구들과 떡볶이를 사 먹거나 생일 선물을 챙겨주는 등의 항목은 거의 비어 있다 보니 그런 상황이 닥쳤을 땐 빈 지갑만 보이게 되는 것이다.

영업을 하던 시절, 고객들에게서 가장 많이 듣던 거절의 말이 바로 "돈이 없어서 못 하겠다"였다. 고객 입장에서는 어떤 영업사원에게든 사용 가능한 가장 쉽고 그럴듯해 보이는 거절 화법이다. 물론 대부분의 경우 진짜로 고객에게 돈이 없었던 것은 아니다.

돈이 없어 보험에 가입하지 못하겠다던 고객이 다음번 만날 때 명품 백을 들고 나오기도 하고, 내가 제안했던 보험료보다 훨씬 비싼 할부금을 내야 하는 새 차를 뽑기도 한다. 그들의 심적 회계에는 값비싼 명품 백을 사고 적지 않은 차 할부금을 낼 돈은 있지만 내가 제안했던 단 몇 만 원의 보험료 낼 돈은 없었던 것이다. 금액의 문제가 아니라 내가 상품을 제안하면서 그 상품이 그들에게 명품 백이나 자동차 이상의 가치가 있음을 제대로 어필하지 못했다는 얘기다.

이런 개념은 단지 돈에만 국한된 게 아니다. 인간관계에서도 심적 회계는 강력한 영향을 미친다. 세상이 '나'라는 사람을 선택하도록 하기 위해서는 바로 그들의 마음속에 내 이름을 또렷하게 심어두는 일이 무엇보다 중요하다. 다른 사람들보다 우선해서 선택해도 전혀 아깝지 않고 그럴 만한 가치가 있음을 느끼도록 해야 하는 것이다.

"아무리 바빠도 네가 보자는데 시간 내야지!"

이런 말은 심적 회계에 상대방의 이름이 없으면 절대 나올 수 없다. 하지만 이 말을 던진 사람에게 처음 보는 친구를 대신해 야근을 해달라거나 사업하는 친구 좀 만나달라고 하면 많이 주저할 것이다. 본인의 심적 회계에는 전혀 없는 이름들이기 때문이다.

인사 발표 시즌에 어떤 사람은 진급되고 어떤 사람은 누락되는 것 역시, 이유야 어찌 되었건 회사의 심적 회계에 오른 이름의 위치에 따라 서로 다른 운명이 결정되는 것이다.

우리는 간혹 믿었던 상대가 나를 선택해주지 않거나 혼신을 다해 일했던 조직에서 나보다 다른 사람을 키워주려 할 때면 섭섭해한다. 하지만 이는 상대의 마음속에 나를 제대로 심어놓지 못한 데서 오는 아주 당연한 결과다. 자신이야 충분히 할 만큼 했다고 생각하겠지만 사람마다 조직마다 심적 회계에 이름을 올리는 기준은 다를 수 있기 때문이다. 특히 상대에게 얻으려는 것이 분명할 때는 내가 무엇을 이야기하고 무엇을 보여줄 때 상대의 심적 회계에 이름을 올릴 수 있는지를 잘 파악해서 그 기준을 충족하기 위한 전략적 노력을 기울여야 한다. 무조건 열심히 땀을 흘리는 것만이 능사가 아니라는 얘기다.

부모가 택시요금은 아까워하면서 자식에게 필요한 것이라면 무엇이든 해주고 싶어 하고, 혼자 마시는 커피값은 낭비라 생각하면서 사랑하는 사람과의 근사한 식사는 기꺼이 허락하는 이유도 그들이 내게 그만 한 가치와 의미를 심어주고 있기 때문이다. 나의 심적 회계에는 그들의 이름이 가장 높이, 그리고 가장 진하게 기록되어 있는 것이다.

세상으로부터 선택받기를 원하는가? 그렇다면 먼저 마음속 장부에 이름을 올려라!

선택의 언어를 구사하라

첫번째펭귄의 선택 37
머릿속 불을 켜 선택을 이끌어내는 언어는 따로 있다. 이는 단지 말 잘하는 것과는 다른 문제이며 평소 꾸준한 훈련을 통해 얼마든지 향상시킬 수 있다.

요즘 서점에는 참 다양한 화법 책들이 진열되어 있다. 프레젠테이션, 유머, 설득, 칭찬, 스피치 등 소위 '말의 달인'들이 소개해놓은 노하우들이 독자들의 시선을 사로잡는다. 사람들은 왜 그토록 말을 잘하고 싶어 하는 것일까?

그것은 아마 말 잘하는 사람에게 끌리기 때문이 아닌가 싶다. 조리 있게 자신의 의견을 표현하고 타인의 마음까지 사로잡는 사람들을 보면 '나도 저들처럼 말을 잘하고 싶다'는 막연한 소망을 품게 된다. 어디 가서 '한 말씀'이라도 부탁받게 되면 떨리는 마음을 주체할 수 없고, 어디서부터 무슨 말로 시작해야 좋을지 몰라 당황하기 일쑤다. 그게 보통 사람이다. 물론 말만 잘하는 사람은 그 자체가 단점으로 비쳐 오히려 문제의 근원이 될 수도 있겠지만, 그래도 관계와 설득이 중요해진 시대에서는 아무래도 말은 못하기보다 잘하는 게 여러모로 유리하다.

특히 그런 말들 중에서도 타인의 선택을 끌어내기 위해서는 좀 더 특별한 언어를 훈련하고 사용할 필요가 있는데, 머릿속에 불을 켜는 '선택의 언어'가 바로 그것들이다.

다른 사람의 마음을 끌어당기는 선택의 언어에는 세 가지가 있다.

첫 번째 선택의 언어는 스토리, 즉 이야기다.

스토리Story가 선택의 언어가 될 수 있는 이유는 그 자체에 저장 Store의 힘이 담겨 있기 때문이다.

흔히 사람이나 제품을 타인에게 소개할 때는 스스로 가진 장점, 즉 '속성' 위주로 말하게 된다. 하지만 선택권을 가진 사람 입장에서 볼 때 이것은 단순한 정보전달 수준일 뿐 내가 왜 이 사람(제품)을 선택해야 하는지에 대한 니즈Needs가 형성되기는 어렵다. 무엇보다 그 들리는 속성이 전문적이고 양이 많을수록 선택권자의 기억 속에 들어가기란 그만큼 어렵게 마련이다.

2012년 국내는 물론이고 해외시장에서까지 돌풍을 일으켰던 삼성전자 스마트폰 갤럭시S3가 있다. 이 제품의 TV광고는 스마트폰이 가진 복잡한 기능을 소비자들에게 더 쉽게 저장시켜놓기 위해 전형적인 스토리 기법을 활용했다. '당신의 마음을 이해합니다'라는 멘트로 시작되는 TV광고에서는 해당 제품이 어떻게 소비자들의 마음을 이해하고 있는지를 스토리로 풀어내 잘 전달하고 있다.

예를 들어 'Pop up Play'라는 '속성'을 화면 하단에 글자로 표현한 후, 동영상을 띄워놓은 상태에서 동시에 인터넷 검색을 하고 있는 두 남녀를 시각적으로 보여줌으로써 이 기능이 소비자에게 어떤 '편익'을 줄 수 있는지를 말하는 방식이다. 그리고 이 장면 끝에는 '두 가지 즐거움을 놓치기 싫은 마음'이라는 글씨와 멘트가 함께 흘러나오면서 해당 속성이 궁극적으로 소비자에게 어떤 '가치'를 줄 수 있는지를 알려준다. 두 남녀의 가상 스토리를 통해 Pop up Play의 속성이 실생활에서 어떻게 활용(편익)될 수 있고 어떠한 가치를 줄 수 있는지를 소비자에게 저장시키는 것이다.

입장을 바꾸어 생각하면 결국 사람은 자신을 이롭게 만들어주고 가치를 심어줄 인물이나 제품을 선택한다. 내가 누군가로부터 선택받기를 원한다면 단순히 속성을 설명하는 것에 그치지 않고, 내가 그 사람에게 어떤 편익을 줄 수 있고 그럼으로써 그 사람이 얻을 수 있는 가치는 무엇인지까지 스토리로 저장시켜야 그만큼 선택의 가능성도 높아진다는 말이다.

두 번째 선택의 언어는 질문이다.

질문은 물음표로 끝난다. 그런데 좋은 질문은 상대방에게 느낌표를 떠올리게 한다. 즉, 누군가에게 자신을 기억시킨다는 것은 물음표를 통해 느낌표를 전달하는 것이다. 상대의 머릿속에 불을 켜는 것이다.

바쁜 일상에서는 'YES'나 'NO'만을 이끌어내는 '폐쇄형 질문'을 많이 사용하지만, 교육과 코칭 그리고 설득을 위한 질문은 상대의 생각을 자극할 수 있도록 '개방형 질문'을 적극 활용하는 것이 유리하다.

"어떻게 하는 게 모두에게 도움이 될 수 있을까?"

"나에 대해 그렇게 느낀 이유를 말해줄래?"

"네가 나중에 그 꿈을 이루려면 지금 무슨 준비들을 해야 할까?"

이 같은 질문들은 상대방으로 하여금 스스로 생각하여 답을 찾게 만든다. 단순히 누군가 일방적으로 주입하는 생각보다는 본인 스스로 생각해 찾아낸 답이기에 동의하기가 쉽고 질문을 던진 사람의 의도대로 행동할 확률도 그만큼 높아지는 것이다.

특히 여기서는 준비된 질문이 효과가 높다. 상대방에 대해 알고 싶은 것들을 미리 정리해두면 그 답들을 구하기 위한 준비된 질문을 던질 수가 있다. 상대방이 긍정적인 생각을 갖도록 만들고 싶다면 그의 입에서 긍정적인 답변이 나올 만한 준비된 질문을 던지면 된다. 특히 질문이 준비되어 있을수록 내가 원하는 방향으로 대화를 이끌 수 있기 때문에 선택을 끌어내는 데 큰 도움이 된다.

세 번째 선택의 언어는 경청이다.

경청을 언어로 생각하지 않는 사람들이 있는데, 지금처럼 말하고 싶어 하는 사람만 가득한 시대에는 성심을 다해 이야기를 들어주는 사람이 상대적으로 소중해진다. 경청이 당당하게 커뮤니케이션의 한 축을 담당하고 있는 것이다.

물론 여기서 말하는 경청이란 단순히 귀만 열어 듣는 것을 뜻하지는 않는다. 상대가 이야기할 때는 끊임없이 눈을 마주치고, 리액션을 통해 상대가 더 편히 말하고 싶은 생각이 들게끔 분위기를 만들어주어야 하며, 앞에서 설명한 거울뉴런을 적극 동원해 진심으로 그의 감정 상태에 공감을 표시할 수 있어야 한다. 그렇게 하면 상대방도 어느덧 내게 공감을 한다. 서로의 파장을 맞추어가는 이러한 과정이야말로 우리에게 필요한 경청의 모습이다.

직급을 이용해 자기 말만 하는 리더를 조직원들이 따를 리 없고, 툭하면 말대꾸하지 말라며 다그치는 부모 앞에서 고민을 털어놓을 자녀는 없다. 정치인들이 욕을 먹는 주된 이유는 국민의 소리를 듣지 않고 자신들의 이익만을 말하기 때문이다. 소비자 의견을 무시하고 일방통행으로만 달려가는 기업은 더 이상 살아남을 수 없는 세상이다.

경청은 결국 공감을 위한 언어다. 그리고 공감이 오가지 않는 관계 속에서는 선택도 기대할 수 없다. 나를 말하기 전에 먼저 상대를 말하게끔 해야 하는 것이다.

말 잘하는 사람이란 단순히 더듬거리지 않고 화려한 문장을 쏟아내는 이가 아니다. 오히려 조금 어리숙한 화법을 구사하더라도 스토리, 질문, 경청 같은 선택의 언어를 사용해 상대에게 자신을 각인시킬 수 있는 이가 진짜 말 잘하는 사람이다. 그런 사람은 타인의 머릿속에 긍정적인 상상을 불러일으키고 건강한 생각을 자극하며 진심어린 공감을 끌어낸다. 이것이 바로 선택의 언어가 가진 비밀이다.

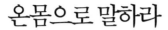

온몸으로 말하라

첫번째펭귄의 선택 38
공감이 없다면 선택도 없다. 단지 입에서 나오는 말뿐만이 아니라 오감을 통해 전
달되는 나의 모든 정보가 상대로 하여금 공감을 느끼도록 만들어준다.

선택의 언어 중 경청에서도 잠깐 언급했지만, 선택을 끌어내기 위
한 소통은 단순히 입 밖으로 흘러나오는 말의 내용으로만 가능한 것
은 아니다. 대화 상대는 말하고 있는 사람의 입만 쳐다보는 것이 아
니라, 자신의 눈과 귀를 통해 수집되는 모든 정보를 이용해 감정적
판단을 내린다.

2011년 1월 8일은 미국인들에게 크나큰 충격과 슬픔을 안겨준 날
이다. 애리조나의 한 쇼핑센터 앞에서 20대 백인 괴한이 무차별적으
로 총을 쏴 무려 18명의 사상자가 발생했다. 그날의 사망자 중에 여
덟 살짜리 여자 어린이 '크리스티나 그린'도 있었는데, 특히 크리스
티나가 8년 전 9.11테러가 일어난 바로 그날에 태어난 아이라는 사

실이 알려지면서 미국인들은 더 가슴 아파 했다.

사건이 발생하고 며칠이 지나, 희생자들을 추모하는 자리에 참석한 오바마 대통령은 다음과 같은 연설을 남겼다.

"우리 모두는 아이들의 기대에 부응하는 나라를 만들기 위해 최선을 다해야만 합니다!"

그리고 갑자기 이어진 침묵 뒤 무려 51초간 오바마 대통령의 입은 굳게 닫혀 있었다. 그는 눈을 들어 하늘을 잠시 바라보기도 하고 눈을 깜빡거리기도 하며 잠시 멈춰 있다가, 다시 고개를 숙이고 힘겹게 슬픔을 이겨내려 애썼다. 그 순간 TV를 통해 흘러나오는 오바마의 얼굴은 한 나라의 대통령이라기보다 딸을 가진 평범한 아빠의 모습 그 자체였다.

그의 그런 슬픈 감정이 고스란히 전해지면서 오히려 청중의 눈에서는 눈물이 흐르고 박수와 환호까지 터져 나오는 짜릿한 장면이 연출됐다. 당시의 오바마 대통령 연설에 대해 〈뉴욕타임스〉는 이렇게 말하고 있다.

'감정을 잘 드러내지 않는 오바마, 전 국민과 감정적인 소통을 하다.

지난 2년간의 재임 기간 중 가장 극적인 순간 가운데 하나로 기억될 것이다.'

다수의 언론들뿐만 아니라 정적政敵인 공화당 의원들로부터도 찬사를 받았던 그날의 '51초 침묵 연설'은 한마디의 빛나는 말보다 진심이 담긴 표정 하나가 얼마나 멋진 소통을 만들어내는지를 보여준 대표적인 사례다.

캘리포니아대학교 로스앤젤레스캠퍼스 심리학과 명예교수인 앨버트 메라비언은 자신의 저서 『침묵의 메시지Silent Messages』에서, 상대방과의 소통에 영향을 미치는 요소로 시각과 청각이 각각 55퍼센트와 38퍼센트를 차지하는 반면, 우리가 가장 중요하게 생각하는 언어는 불과 7퍼센트일 뿐이라고 설명한다.

누군가와 대화를 할 때 우리는 당연히 말의 내용에 더 신경을 쓰며 조심하게 되지만, 사실 상대방은 말하는 사람의 옷차림, 표정, 목소리 상태, 손발을 포함한 모든 신체 반응에 더 많은 영향을 받는다는 뜻이다. 그리고 바로 이러한 비언어적 요소들이 상대방의 무의식을 자극해 선택을 이끌어내는 핵심 역할을 한다.

사람들과 대화를 하다 보면 사회생활을 꽤 해온 이들조차 눈 마주치기를 힘들어하는 경우가 더러 있다. 그런 식으로 어딘가 모르게 계속 불안하고 부담스러워하는 표정이 느껴지면 그 사람의 이야기가 아무리 전문적이고 논리적이라도 듣는 사람은 그에게 신뢰를 보내기가 어렵다.

우리나라 사람들의 경우 특히 남자들이 여자들보다 훨씬 이런 비언어적 표현을 낯설어하는데, 내 강의 시간에 임의의 주제를 던져놓고 파트너와 대화하게 하면 이를 금방 확인할 수 있다. 여자들은 서로 친하지 않은 사람과 대화를 하면서도 중간중간 자신의 손으로 상대방 팔을 건든다. 또한 상대의 이야기에 따라 함께 얼굴을 찌푸리거나 미소를 보이는 행동에 익숙하다. 하지만 남자들의 경우엔 내할 말을 하면서도 다른 곳을 쳐다보고 있거나 상대방이 말할 때 아무런 반응도 보이지 않은 경우가 다반사였다.

사실 이 비언어적 표현은 하루 이틀의 노력만으로 개선될 문제는 아니다. 하지만 본인의 단점을 분명히 인식하고 그것을 고치기 위해 평소 의도적인 노력을 기울인다면, 이 또한 습관이 되어 자연스럽게 표출할 수 있다.

특히 말할 때마다 몸을 많이 움직인다든지 자신감 없는 목소리가 스스로를 더욱 작아지게 만들고 있다는 생각이 들면 평소 거울을 보거나 스마트폰 동영상 촬영 등을 통해 자신의 실제 모습을 눈으로 확인하는 것이 매우 중요하다. 직접 봤을 때 문제가 있다는 생각이 들어야 비언어적 습관을 개선하겠다는 의지도 한층 강화되기 때문이다.

한 가지 짧게 덧붙이자면, 나의 비언어적 표현을 단련시키는 것만큼이나 상대방의 비언어적 표현을 읽어내는 능력도 커뮤니케이션에서는 매우 중요하다. 상대의 눈을 통해 감정이 나오는 경우도 있고, 시계를 보거나 발을 흔드는 행위 등도 대화의 분위기나 맥락에 따라 메시지를 담고 있는 경우가 많기 때문이다.

이런 비언어적 표현의 해석 능력을 키우는 데는 '관심'만큼의 약도 없다. 무엇보다 늘 마주치는 가족이나 친구 혹은 동료들의 감정 상태를 빨리 파악하는 센스를 발휘하기 위해서는 평소 그들과의 대화 중 상대방의 습관적인 반응에 관심을 기울이며 데이터를 축적해두는 것이 가장 좋은 방법이다.

2012년 스페인 그라나다대학교의 심리학자들은 사람들이 거짓말을 할 때 실제로 코 주변의 온도가 급격히 올라간다는 연구 결과를 발표했다. 거짓말을 하면 코가 커진다는 피노키오 이야기가 그저 허구가 아닐 수도 있다는 뜻이다.

대화 중에 애인이나 남편이 코를 긁으면 장난삼아 한마디 건네는 것도 재밌을 듯싶다.

"지금 거짓말하고 있는 거지?"

혹시 또 모르는 일이다. 상대가 진짜 숨겨둔 진실을 고백하게 될지도……

CHAPTER 8

일터에서
선택받는 사람은
따로 있다

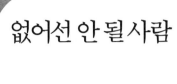

없어선 안 될 사람

'꼭 필요한 사람'과 '없어선 안 될 사람'이 있다. 당신은 조직 안에서 어떤 사람이 되고 싶은가? 그리고 과연 조직은 어떤 사람을 끝까지 선택하고 싶어 할까? 언뜻 보기엔 말장난 같아 보이지만 이 두 표현은 사용되는 시점이 완전히 다르다.

신입사원 면접을 치르는 대다수의 지원자는 자신이 이 회사에 '왜 필요한 존재인지'를 강조한다. 면접 전에 그 회사 홈페이지에 들어가 회사가 추구하는 인재상을 미리 읽어보고, 회사의 주력 사업 분야를 파악해 자신이 가진 장점을 그 리스트에 대입하여 소개하는 연습도 한다. 물론 많은 면접관 역시 같은 종류의 질문을 던져 지원자들의 입사 의지를 확인한다.

다시 말해 모두가 비슷한 수준을 가지고 있는 출발점에서는 누가 더 조직에 '필요한 사람'인지에 초점을 맞추게 마련이다. 실제로 함께 일해본 적이 없기에 이 사람의 어떤 능력과 성품이 회사에 유익할지를 짐작할 뿐인 것이다.

하지만 이후 실제로 업무가 주어지고 어느 정도 시간이 지나면 개개인의 조직에 대한 기여도에서 차이가 드러나기 시작한다. 사원 때는 다들 비슷해 보였지만 대리와 과장을 무난히 버틴 대다수의 사람은 그 비슷함 속에 파묻혀 보이지 않게 되고, 극소수의 특별한 사람만이 회사가 선택하는 인재로 거듭난다. 대다수가 잠들어 있을 때 어느덧 그 사람은 조직에 '없어선 안 될 사람'이 돼버린 것이다. 대체 불가능한 능력자란 바로 이런 사람을 두고 하는 말이다.

여러 차례 말했듯이 나는 보험영업으로 사회생활을 시작했다. 1년 남짓 그 일을 하는 동안 내 수입은 총 1천만 원이 되질 않았다. 마지막 직장에서 1년을 꼬박 채워 근무했더라면 받을 수 있었던 연봉이 인센티브를 포함해 약 8천만 원 정도니까, 첫 직장에서부터 강사로 독립해 나올 때까지 6년간의 연봉으로만 따져보면 매년 1천만 원이상씩 가치를 올려가며 인정받은 셈이 된다. 물론 다사다난했던 직장생활 속에는 사람, 역량, 경험, 비전 등 돈보다 훨씬 중요한 열매들도 많았지만, 그래도 매달 월급날을 기다리며 살던 평범한 샐러리맨 입장에서는 이 또한 감사하지 않을 수 없는 부분이다.

되돌아보면 남들보다 한참 모자란 스펙을 가지고 어떻게든 회사에 없어선 안 될 사람이 되고 싶어 끊임없이 밤잠을 설쳤던 날들이었다. 그때까지 남들이 하지 않았던, 그러면서도 실질적으로 회사에

도움이 될 수 있는 일들을 찾아 꾸준히 성과를 창출해냈고 그때마다 나만의 독특하고 전문적인 영역들을 하나둘 만들어갔다. 높은 직급은 아니었지만 회사에 없어선 안 될 구성원으로 성장하고자 욕심을 냈던 시간이었다.

물론 나 역시 처음에는 회사에 '필요한' 사람이 되기 위해 동분서주했지만, 결국 그 자리는 꼭 내가 아니더라도 누구로든 대체 가능한 것이었다. 오랫동안 회사가 붙들고 싶은 사람은 그런 대체 가능한 자원이 아니라 절대 놓쳐선 안 되는 희소성 있는 능력자다. 그런 예외적인 사람이 되어야 한다.

수억 원의 연봉을 받는 임원 중에는 자리만 차지한 채 아무 영향력도 발휘하지 못하는 사람이 있는가 하면, 이제 막 들어온 신입사원일지라도 자리를 비우면 다른 직원들이 불편함을 느끼게 하는 사람도 있다. 아무리 시스템이 강조되는 시대라도 결국 일은 사람이 하는 것인지라 한 사람의 빈자리가 곧 그의 가치를 말해준다고 해도 과언이 아니다.

'나는 회사에 꼭 필요한 사람인가?'

애당초 이 질문에 확신 있는 대답을 내놓지 못하는 것도 문제지만, 설령 자신 있게 "그렇다"고 대답할 수 있더라도 다시 한 번 곰곰이 생각해보기 바란다. 그것은 나와 똑같은 사람이 얼마든지 또 있을 수 있음을 의미하기 때문이다.

미국의 여배우 릴리 톰린은 이런 말을 남겼다.

"다른 누군가가 되려고 하다가 나는 아무것도 될 수 없었다."

선배와 동료들을 통한 겸손한 배움의 끈은 놓지 않되, 언제나 그들과 다른 나만의 가치를 만들어낼 수 있어야 끝까지 살아남는다. 그렇게 살아남는 사람만이 진짜다.

'강한 자가 살아남는 것이 아니라 살아남는 자가 강한 것이다'는 말을 그래서 나는 별로 좋아하지 않는다. 이 말을 진리로 믿고 나아가다 보면 살아남기 위해 하지 말아야 할 짓도 해야 하기 때문이다. 살아남더라도 자신의 가치를 무기로 살아남는 사람이어야 온전히 그 걸어온 시간도 인정받고, 따르고 싶은 리더가 되는 것이다. 아무리 동기들을 물리치고 수장의 자리에 오른들 조직원들의 신망을 받지 못하는 승리는 안쓰러움마저 자아낸다.

남들도 최선은 다한다. 다만 조직에서 오랫동안 선택받는 인재가 되기 위해서는 조금 더 특별한 것이 필요하다. '더 좋아지기'보다 '달라지기'를 선택해야 하는 이유다.

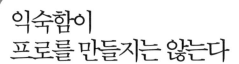

익숙함이
프로를 만들지는 않는다

첫번째펭귄의 선택 40
일을 잘한다는 것과 일에 익숙해진다는 것은 다른 의미다. 단지 익숙함에 머물러서는 남다른 대우를 받을 수도, 특별한 기회를 잡을 수도 없다.

오래전 일했던 직장에서 목격한 장면이다. 경험 많은 고참 여직원이 이제 막 들어온 또 다른 여직원을 혼쭐내고 있었다. 언뜻 들려오는 말소리를 되짚어보니, 매일같이 정리해야 하는 엑셀 시트 작업에서 신입사원의 실수가 있었던 모양이다. 이미 한 번 교육을 시켰던 고참은 매우 답답하고 짜증난다는 얼굴로 신입사원을 매섭게 몰아치는 중이었다.

"왜 한 번 가르쳐준 것도 제대로 못해!"

"죄송해요."

사실 그 일은 그리 어려운 작업이 아니었다. 본래 그 고참사원이 조직에서 맡은 일 자체가 비중 있고 남다른 재능을 필요로 하는 것이 아니라 시간이 지나 익숙해지면 누구나 해낼 수 있는 기본적인 업무였으니까. 다만 신입사원은 한 번 배우기는 했어도 아직 익숙하지 않아 실수를 했을 거라는 추측이 가능하다. 당연히 수년간 그 일만을 해온 고참 입장에선 눈감고도 해낼 수 있는 업무였으니, 두 사람 사이의 숙련도 차이는 클 수밖에 없던 시점이었다.

자, 이제 두 여직원을 다시 한 번 살펴보자. 고참은 일을 잘하는 프로이고, 신참은 일을 못하는 아마추어였을까? 나의 대답은 단연코 'No'이다. 왜냐하면 '일을 잘한다'는 것과 '일에 익숙해진다'는 것은 엄연히 다른 의미를 갖기 때문이다.

사실, 고참사원은 그동안의 업무수행 능력을 보았을 때 오히려 여러 차례 문제가 됐던 인물이다. 계약직을 거쳐 정규직까지 가는 동안 늘 본인이 해오던 단순한 일들만 하려 하고 후배들의 실수는 후배들에게, 그리고 자신의 실수도 늘 다른 사람에게 전가시키는 그런 유형이었다. 다만, 몇 가지 일을 조직 안에서 가장 오랫동안 맡아오다 보니 그 일에 익숙한 것일 뿐, 그 어디서도 진정한 프로의 향기를 느낄 수 없었던 직원이다. 그럼에도 본인은 늘 일을 제일 잘하는 사람으로 착각하고 매번 그렇게 후배들을 다그치니, 윗사람들이 볼 땐 그저 한심할 노릇이었다.

수년간 같은 조직에서 같은 일만 해오던 사람이 그 정도 못하면 오히려 이상한 거다. 당연히 남들보다 익숙한 노련미가 발현되어야 한다. 하지만 거기에 그쳐서는 더 이상 개인도 조직도 발전이 없다. 즉, 진정한 프로는 될 수 없는 것이다.

우리는 어떤 환경에서든 본인의 역량을 최고로 끌어올려 최선의 성과를 낼 수 있는 '일 잘하는 사람'이 되어야 한다. 익숙한 일을 하는 사람은 언제든 다른 사람으로 대체가 가능하지만, 진짜 일을 잘하는 사람은 회사가 계속해서 선택하는 법이다.

아직 일에 익숙하지 않아 실수를 저지른 신입사원 입장에서 보면 능력 미달의 고참에게 꾸중을 들었다는 것보다도 안타까운 사실이 한 가지 더 있다. 사회생활을 시작한 지 얼마 안 되어 한참을 배워가야 할 시기임에도, 익숙함을 프로로 착각하고 살아가는 선배를 먼저 만나 제대로 된 훈련을 받지 못하고 있다는 점이다. 잘못하다가는 지금 아무것도 모르는 그 신입사원마저 익숙함이 곧 프로의 모습이라 오해하고 똑같은 사람으로 커나갈 것임을 충분히 상상할 수 있다. 그래서 사회에서는 어느 시점에 누구를 만나 무엇을 배우는지가 상당히 중요하다.

어떤 직장인들은 조직 안에서 '생존을 위한 끈'을 잡기 위해 발버둥치지만, 사실 우리가 그 안에서 만나야 할 사람은 '진심이 통하는' 사람이다. 진심이 통하는 사람은 일을 허투루 하는 법이 없고 자신뿐만 아니라 동료들의 성장에도 관심을 기울인다. 물론 그런 사람과 가까이하고 싶다면 나 역시 꼼수를 부리지 말고 진심을 다해 회사생활을 해야 한다.

다행스럽게도 그리고 미안하게도 신입사원이 어설픈 짝퉁 프로에게 혼나고 있는 동안, 나는 내 인생에 오랫동안 남을 최고의 멘토를 만나 수준 높은 일들을 배워갈 수 있었다.

교육에 대해선 아무것도 몰랐던 내가 그 업무를 처음 맡을 즈음 새로 부임해 함께 일하게 된 박정웅 차장……. 우리 두 사람은 그동안 유명무실했던 교육 파트를 일으켜 세워야 했다. 또한 제휴사들에게 경쟁사보다 앞서는 양질의 교육을 제공해야 했다. 더불어 현장에서 뛰고 있는 서른 명 안팎의 우리 직원들이 원활히 영업을 해나갈 수 있도록 다양한 마케팅 툴과 교육 자료를 개발해야 했다.

박 차장은 다년간 습득한 자신의 알토란 같은 경험들을 내게 아낌없이 전수해주었을 뿐만 아니라 날마다 전쟁터 같은 영업조직 안에서도 기다림과 믿음의 리더십으로 나의 성장을 이끌어주었다. 단순히 업무적인 영역뿐만 아니라 그때까지 밖에서 영업만 하며 조직생활에 서툴렀던 내게 조직에 없어서는 안 될 사람이 어떤 사람인지를 몸소 보여준 진정한 멘토였다.

그때의 성장이 밑거름되어 지금 이렇게 홀로 독립해서 강사로 먹고살 수 있게 된 것이다. 현재는 비록 두 사람 모두 당시의 회사를 떠나 함께 있지 않지만 오히려 그 인연의 끈은 더욱 돈독해졌으니 얼마나 감사한 일인지 모른다.

어느 날 술자리에서 농담 반 진담 반으로 이런 치기를 부린 적이 있다.

"저는 차장님보다 더 잘될 자신이 있습니다. 왜냐하면 저는 일찌감치 차장님 같은 리더를 만날 수 있었기 때문이죠!"

하릴없이 손에 익숙한 일만 하며 껍데기 능력에 도취되어서는 발전이 없다. 젊었을 때는 그 정도만으로도 충분하겠지만, 경험이 많아지고 직급이 올라감에도 새로운 일에 도전하지 않는다면 조직은 그 사람을 필요로 하지 않는다. 현실적으로 그런 능력만으로는 높은 연봉을 받을 수도 없고, 박 차장처럼 훌륭한 멘토가 되어 후배들의 존경을 받을 수도 없다. 그러니 리더가 될 확률도, 또 설령 리더가 된다고 한들 조직을 성공적으로 이끌어갈 확률도 낮아지는 것이다.

세상에 아마추어는 차고 넘친다. 그리고 그곳엔 서로를 물어뜯는 경쟁도 심하다. 이제 다른 사람들이 쉽게 넘볼 수 없는 진짜 프로가 되어 남다른 선택을 이끌어야 할 순간이다.

내 일을 하는 사람이 창의력을 발휘한다

첫번째펭귄의 선택 41

내 일을 하는 사람과 남의 일을 하는 사람은 마음가짐부터가 다르다. 매사에 자신에게 주어진 일의 주인이 되는 사람은 남다른 창의력을 발현시켜 선택을 이끌어 낸다.

몇 년 전, 처가댁이 새로 지은 아파트로 이사했다. 우리 집에서도 가까워 종종 찾아뵙는데, 요즘 새로 지은 아파트들이 대체로 그렇듯 그곳도 외부 차량이 오갈 땐 주차장 입구에서 기록을 해둔다. 차량이 주차장에 진입할 때마다 경비실 직원이 방문가구, 차량번호, 운전자 전화번호를 묻고 수기로 기록한 후 한 장은 본인이 갖고 한 장은 운전자에게 준다.

매일 가는 것도 아니고 요즘은 워낙 당연히 받아들일 수 있는 절차인지라 딱히 불만이랄 것도 없었지만, 그래도 카메라가 자동으로 찍어 기록하는 다른 아파트들에 비해 매번 창을 열어 서로가 인터뷰(?)하는 일은 분명 번거로웠다. 특히 비라도 세차게 내리는 날이면 그 짧은 인터뷰마저 상당히 귀찮다. 운전자들이야 방문할 때마다 한 번씩만 목소리를 내면 그만이지만 비좁은 경비실 안에서 하루에도 수십 번 창문을 여닫으며 같은 질문을 던져야 하는 직원들은 마스크만으로 버티기엔 많이 고생스러워 보인다.

그러던 어느 날, 지난 수년간 내가 얼마나 바보 같은 짓을 반복했고 또 그 많은 직원이 얼마나 특별할 것 없는 사람들이었는지를 깨닫게 해주는 사건이 벌어졌다.

그날도 여느 때와 마찬가지로 주차장에 진입하기에 앞서 경비실 직원과 건조한 대화를 나누기 위해 차창을 열었다. 예상대로 직원은 방문가구, 차량번호, 운전자 전화번호를 물었고 시간과 함께 받아 적은 후 한 장은 본인이 그리고 나머지 한 장은 내게 건네며 차량 앞에 놓아두라고 말했다.

보통은 여기서 대화가 끝난다. 그런데 내가 자연스럽게 종이를 받아들고 차창을 닫으려는 순간, 그 직원이 "잠깐만요!" 하면서 나를 주목시켰다. 순간 멈칫한 내게 그는 생각지도 못한 추가 인터뷰를 시도했다.

"여기 자주 오시나요?"

"네. 그런 편인데요. 왜 그러시죠?"

"그럼 지금 드린 종이를 버리지 마시고 다음번에 오실 때 가지고 오세요."

이쯤 되면 눈치챈 독자도 많겠지만 나처럼 눈치 없는 사람도 분명 있을 듯싶으니 이후의 대화를 마저 소개하겠다.

"네? 이 종이를요? 왜요?"

"사실 제가 어제 처음 이 일을 시작해서 오늘이 두 번째 출근인데
요. 매번 물어보자니 목이 아프고, 또 운전자들도 많이 불편해하더
라구요. 그래서 자주 오시면 아예 지금 적어드린 종이를 가지고 계
시다가 다음번 오실 때 보여주시면 근무자들이 그것만 보고 바로 옮
겨 적을 수 있잖아요. 그렇게 해서 시간만 바꿔드리면 되니 저흰 매
번 물어보지 않아서 좋고, 운전자들도 애써 대답할 일이 없어 좋을
것 같아서요."

그러면서 자신이 먹고 있던 목사탕이 담긴 케이스를 내게 보이며
멋쩍은 미소를 지었다.

순간, 나는 뭔가에 뒤통수를 심하게 맞은 느낌이 들었다.

'어? 이거 뭐지? 나, 바보였던 거야? 아니, 그보다도 왜 그동안 마
주쳤던 다른 교대 근무자들은 이런 말을 안 해준 거지?'

차를 주차장에 세울 때까지 머릿속 충격이 가시질 않았다. 창의력
의 아이콘 스티브 잡스를 뜻하지 않은 순간 뜻하지 않은 장소에서
만난 기분마저 들었다.

'왜 몰랐을까? 4년이 넘도록 똑같은 과정을 반복하면서도 왜 나
는 그 불편함을 고쳐보려 하지 않았을까? 그리고 그 많던 다른 근무
자는 왜 이런 생각을 못하고 매번 아픈 목을 감싸 쥐며 앵무새처럼
똑같은 말을 되풀이했을까? 무엇보다, 그 일을 시작한 지 하루밖에
안 된 신입직원이 어떻게 이런 아이디어를 낼 수 있었던 걸까?'

내 질문은 꼬리에 꼬리를 물었다.

집으로 돌아가기 위해 아파트 주차장을 빠져나오는 순간이면 수
명을 다했다 생각하여 무심코 구겨버렸던 종이 한 장이, 실은 다음

번 방문 때 모두를 편하게 만드는 새로운 의미로 재탄생할 수 있다는 사실을 나는 그제야 이름 모를 스티브 잡스를 통해 배운 것이다. 그는 남들이 모두 당연하게 생각하고 받아들였던 불편함을 그냥 지나치지 않고 스스로에게 질문을 던졌다.

'왜 이렇게 해야 되지? 왜 내 목은 이렇게 아파야 하고, 왜 운전자들은 귀찮은 대답을 반복해야 하지? 좀 더 편한 방법은 없을까?'

이런 질문과 남다른 고민이 있었기에 자신보다 훨씬 경험 많은 선배들이 찾지 못한 혁신을 만들어낼 수 있었다. 남들은 그저 '주어진' 일을 했을 뿐이지만 그는 '진짜 자기 일'을 하고 있었던 것이다.

창의력은, 그리고 거기서 나온 혁신은 특별한 공부나 경험만으로 생겨날 수 있는 부분이 아니다. 작은 현상도 무심코 지나치지 않는 세심한 관심과 내가 하는 일에 대한 분명한 주인 의식이 있다면 누구나 남다르고 멋진 창의력을 발휘할 수 있다.

창의력은 새로운 것을 만들어내는 발명이 아니라 아무도 못 본 것을 찾아내는 발견이다. 그리고 돋보이는 창의력은 어디서나 볼 수 있는 것이 아니기에 회사 입장에서도 없어서는 안 될 사람임을 알고 또 다시 선택할 수밖에 없다.

그 일이 있은 지 얼마 후부터, 아직 습관이 되질 않아 또 동일한 인터뷰를 해야 하는 내게 이제는 모든 경비직원이 똑같은 말을 덧붙였다.

"다음부턴 이 종이 버리지 마시고 꼭 챙겨오세요."

브라보!

매력스펙 쌓기

첫번째펭귄의 선택 42

매력이 곧 능력이다. 아흔아홉 가지 장점을 가졌어도 한 가지 비호감적 요소 때문에 선택받지 못하는 사람도 있고, 반대로 한 가지 매력에 힘입어 스타가 되기도 한다.

기자가 대기업 인사 담당자와 인터뷰한 내용을 본 적이 있다.

"팀장님의 회사는 어떤 사람을 뽑길 원하나요?"

"그야 물론 저희가 좋아하는 사람이죠!"

너무 싱겁고 당연한 대답이라고 생각하는가? 하지만 인사 담당자의 이 짧은 한마디는 젊은 구직자들뿐만 아니라 우리 모두가 갖추어야 할 중요한 스펙에 대해 함축적으로 잘 말해주고 있다. 그것은 바로 '매력스펙'이다.

매력魅力이 무엇인가? 한자 풀이를 그대로 옮겨보면 '도깨비처럼 홀리는 힘'이다. 그래서 누군가의 매력에 빠지면 좋아하게 되고, 좋아하면 고민 없이 선택한다.

매력적인 영업사원의 말에는 쉽게 귀를 기울이고, 매력적인 정치인에게는 표를 던지고 싶어진다. 공부만 잘하는 친구보다는 매력적인 친구가 학교에서 인기가 높고, 일만 잘하는 동료보다는 매력적인 동료에게 훨씬 마음이 끌린다. 어렸을 땐 예쁘고 잘생긴 사람이 최고지만, 나이가 들어갈수록 매력적인 이성에 호감이 간다. 같은 맥락으로 시청자들도 자신만의 독특한 매력을 가진 연예인에게 환호를 보낸다.

가끔 토크쇼나 강연 프로그램을 시청하자면 성공한 사람들이 자신의 인생 스토리를 허심탄회하게 풀어낼 때가 있는데, 그 사람의 외모나 말주변이 특별히 우수한 것도 아님에도 사람들은 하나라도 놓칠세라 집중해서 듣는다. 그 안에는 성공을 이룬 그 사람만의 특별한 매력들이 숨어 있어서 실제로 이야기를 듣는 사람들이 그에게 깊은 호감을 갖게 되기 때문이다. 한마디로 매력이 곧 능력이라는 얘기다.

이러한 매력스펙 덕분에 우리 주변에선 예쁜 여자와 못생긴 남자의 커플도 볼 수 있는 것이다. 싸이는 자신이 가지고 있던 본래의 능력에 매력스펙을 더해 '강남스타일' 돌풍을 일으킬 수 있었다.

물론 싸이가 가진 매력이 내겐 없다고 해서 걱정할 필요는 전혀 없다. 매력에 대한 해답은 이미 '내가' 가지고 있기 때문이다. 그리고 그런 매력적인 사람은 얼마든지 우리 주변에서 만나볼 수 있다. 내가 좋아하는 사람, 함께 있고 싶은 사람, 바로 그 사람이 나도 좋아하고 다른 사람도 좋아하는 매력적인 사람인 것이다.

직장인이라면 기본적인 업무력과 더불어 동료들에 대한 배려심,

존경받을 만한 인격, 그리고 적당한 유머 감각과 남다른 신뢰가 매력의 요소가 될 수 있다. 대체로 직장에서 인기투표를 했을 때 뽑히는 이들이 그런 사람인 경우가 많다. 왠지 모를 친밀감으로 주변 동료들에게 긍정적인 에너지를 퍼뜨리는 유쾌한 사람들인 것이다.

이러한 매력은 결정적인 순간에 상대방으로 하여금 내 말에 귀 기울이게 만들고 여러 사람 중 한 사람을 선택해야 할 때 나를 가장 먼저 떠올리게 만드는 아주 중요한 능력이 된다.

그렇다면 현재 내가 가진 매력스펙은 어느 정도일까? 아래의 세 가지를 점검해보면 본인의 매력을 발견하고 발전시켜 나아가는 데 도움이 될 것이다.

첫째, 매력적이라고 생각되는 사람과 나를 비교해본다.

내가 좋아하는 사람은 다른 사람도 좋아하는 법이다. 즉, 스스로가 세상을 끌어당기는 매력적인 사람이 되기 위해서는, 내가 좋아하는 사람이 어떤 매력을 갖추고 있는지를 미리 살펴봄으로써 내가 쌓아가야 할 매력스펙의 방향도 확인할 수 있다.

비교 대상이 지금 내 주변에 있는 지인이면 가장 좋겠지만 쉽게 떠오르지 않을 때는 과거에 만났던 누군가나 연예인의 캐릭터를 끌어와도 상관없다.

어차피 내가 생각하는 매력의 정체를 이해하고 내게 어울릴 만한 매력은 무엇인지 찾아보는 게 목적이므로 매력의 롤모델로 삼을 수 있는 사람이라면 그게 누구든 상관없다.

둘째, 현재 가지고 있는 나만의 매력 요소들을 찾아 정리해본다.

이는 내가 스스로 생각하는 나의 매력일 수도 있고 평소에 다른 사람들이 내게 해주었던 말 중에서 힌트를 찾아볼 수도 있다.

그렇게 리스트를 정리하면 그 내용을 토대로 나를 소개할 30초 분량의 스크립트를 적어보자. 엘리베이터를 타고 내려올 정도의 이 짧은 시간 동안 누군가에게 나만의 매력을 소개할 수 있는 것만으로도 큰 발견일 뿐만 아니라 자신감 또한 얻을 수 있는 좋은 방법이다.

셋째, 나의 '매력 SWOT분석'을 해본다.

이것은 현재 내가 하고 있는 일과 관련지어 업무적 매력을 점검하는 데 매우 효과적이다.

맡은 업무를 진행하는 데 요구되는 능력 중 자신이 현재 가지고 있는 강점Strength 과 약점Weakness 은 무엇인지 구체적으로 적어보고, 업무와 관련된 환경적 요인 중 나를 둘러싼 기회요인Opportunity 과 위협요인Threat 이 무엇인지 검토하는 것이다. 이렇게 하면 미처 인식하지 못했던 나의 매력을 찾아낼 수 있을 뿐만 아니라 반反 매력적인 요소도 찾아 제거할 수 있다.

21세기는 매력적인 사람들의 시대다. 이들은 다른 사람들의 머릿속에 불을 밝히고 자신이 필요할 때는 선택까지도 끌어낼 수 있는 파워풀한 능력자들이다.

매력은 우리의 인생을 더 쉽게 풀리게 만드는 마법의 지팡이라고 할 수 있다. SBS 〈서바이벌 오디션 K팝스타 2〉에서 보여준 악동뮤

지션의 '매력 있어' 가사처럼 마법사가 되는 것이다.

눈에 보이는 많은 능력이 있음에도 자신이 세상에게 잘 선택받지 못한다는 생각이 든다면, 이번 기회에 자신의 반매력적인 요소를 포함한 전체적인 매력스펙을 점검해보는 것이 좋다.

FACE, 예쁜 사람이 최고!

첫번째펭귄의 선택 43
자주 만나는 사람일수록 외모에 대한 민감도는 많이 떨어지게 되어 있다. 그보다는 편하게 어울리며 내 편이 되어주는 사람에게 우리는 호감을 느낀다.

　피겨 여왕 김연아, 국민 체조요정 손연재, 원조 국민 남동생 이승기……. 세 사람의 공통점으로 자타 공인의 뛰어난 실력에 출중한 외모를 꼽을 수 있겠다. 남다른 외모가 오히려 부담스러운 기대감을 상승시켜 본인을 흔들리게 하거나 자신들의 땀방울을 깎아내리는 약점이 될 수 있음에도, 이들은 하나같이 성실함과 실력으로 국민의 사랑을 받으며 자신들의 외모를 더욱 돋보이게 만들었다.

　2012년 초 KBS에서 방영된 〈브레인〉이라는 드라마에, 주인공인 윤지혜 선생을 fMRI에 넣고 뇌 반응을 살펴보는 실험 장면이 나온다. 원숭이 사진을 보여주자 윤 선생의 머릿속 불은 완전히 꺼져버렸지만 영화배우 강동원의 사진을 보여주자 그녀의 머릿속 불이 환하게 켜졌다.

이처럼 사람은 누군가를 만날 때 기본적으로 얼굴이 잘생기고 예쁜 사람에게 더 끌리게 마련이다. 기왕이면 다홍치마라고, 모든 조건이 같을 땐 아무래도 얼굴 예쁜 사람과 함께 있고 싶은 것이 인지상정이다.

그렇다고 우리가 전부 성형외과를 오가며 예쁜 얼굴을 만들어야 한다는 것은 아니다. 특히 사회생활에서는 우리가 먼저 가꾸어야 할 진짜 얼굴FACE이 따로 있는데, 지금부터 그 네 가지 얼굴을 하나씩 살펴보자.

① 익숙한 얼굴(Familiar)

사람들은 일반적으로 자신에게 익숙해 보이는 인물을 좋아한다. 물론 가끔은 자신과 다른 사람에게 더 끌리는 이들도 있지만 여기서 말하는 익숙함이란 같은 시대 같은 나라에 살고 있는 사람들이라면 가지고 있을 법한 공감대와 상식을 의미한다.

중학교 때부터 미국에서 학교를 다니다가 대학 졸업 후 한국으로 건너와 국내 대기업에서 직장생활을 하는 친구가 있다. 그런데 일은 무리 없이 잘하면서도 사사건건 동료들과 부딪치곤 했다. 특별히 성격이 나쁘거나 한 것은 아니었지만 타 부서와의 업무 협조나 상사와의 커뮤니케이션 과정에서 너무 눈치 없이 행동하는 경우가 많았던 모양이다. 그리고 누가 옆에서 슬쩍 조언을 해주면 그마저도 왜 그러느냐며 꼬치꼬치 따져대니, 슬슬 주변 동료들도 그와 거리를 두기 시작했다.

친구는 단지 남들이 왕따를 시키는 것이라 생각했지만 사실은 그 친구 자체가 다른 동료들에게는 너무 낯설었던 것이다. 다른 사람들이 이해해주는 것에도 한계가 있는데, 본인 스스로 새로운 환경에 적응하며 익숙해지려는 노력이 부족해 생긴 아쉬운 결과다.

우리가 가끔 누군가에게 '개념 없는 사람'이라 손가락질하는 것도 그가 자신의 개성과 신념만을 강조하여 타인에게 낯설어 보이게 만들기 때문이다. 사회와 조직에서 다른 사람들과 잘 섞여 지내기 위해서는 자신의 고유 가치를 지키면서도 통상적인 개념을 함께 갖춰주는 것이 매우 중요하다.

② 도와주는 얼굴(Assistant)

축구 경기에서는 골을 넣는 선수뿐만 아니라 그 골을 넣을 수 있도록 직접 도움을 준 선수에게까지 공격 포인트를 인정해준다. 보통 골을 넣은 선수가 그에게 가장 먼저 달려가 고마움을 표시하는 이유도 그만큼 자신의 성공에 결정적인 도움을 준 사람이기 때문이다. 이처럼 우리는 자신의 성공을 도와주며 응원해주는 이들에게 호감을 가지게 마련이다.

오랜 시간을 같은 부서에서 함께 일했던 권정희 과장은 내가 회사에 있을 때뿐만 아니라 회사를 나와 지금의 일을 시작하는 데에서도 든든한 지원군이 돼주고 있다. 사내에서 발이 넓었던 권 과장은 내가 타 부서의 업무 협조가 필요할 때마다 사람을 소개해주는 번거로움을 마다하지 않았고, 강사를 시작하게 되었을 때도 믿고 맡길 수 있는 인쇄물 업체 등을 연결해주며 나의 성공을 응원해주었다. 나에게는 참으로 고마운 친구가 아닐 수 없다.

또 빨리 적응하라며 직장에서의 다양한 업무를 가르쳐주고, 조직에 익숙하지 않았던 나를 대신해 매번 골치 아픈 일들까지 처리해주었던 김재혁 사원 역시 내게는 잊지 못할 얼굴이다. 부서에 새로 들어온 사람이 부하도 아니고 게다가 고등학교 선배라 그리 편하지만은 않았을 텐데도 언제나 내 옆자리에서 가장 많은 도움을 주며 성공을 기원해준 멋진 사람이었다.

우리는 자신의 길을 가는 데만도 늘 바쁘고 분주하다. 그것을 알기에 누군가 내게 베풀어주는 특별한 도움은 그 도움을 베풀어준 얼굴마저 특별히 기억하게 해준다. 그것이 남들보다 먼저 선택받는 사람들의 공통점이기도 하다.

③ 관심을 보여주는 얼굴(Caring)

최근 들어 정신과 상담이나 심리치료를 받는 사람들이 많아졌다고 한다. 주변에는 늘 사람이 차고 넘쳐나지만 정작 내 이야기를 관심 있게 들어주고 마음을 의지할 수 있는 사람은 드물다 보니 적잖은 돈을 지불해가며 전문가를 찾아나서는 것이 아닌가 싶다.

"무슨 일 있어요?"

"왜 그랬대요?"

"그래서요?"

내 기분이 심상치 않은 순간이거나 대화를 하는 도중이면 김민범 과장이 내게 자주 던졌던 질문들이다. 사회생활을 하며 참 좋은 사람들을 많이 만났지만 하루 종일 같은 책상을 나누어 썼던 김민범 과장이야말로 내 일상을 가장 소상히 지켜볼 수 있었던 사람이다. 김 과장은 나뿐만 아니라 다른 직원들에게도 늘 먼저 관심을 가져주며 이야기를 들어주는 데 익숙한 친구다. 그러다 보니 다른 부서 사람들도 그를 많이 좋아했다. 그는 힘들거나 고민거리가 생겼을 땐 언제나 편하게 다가가 털어놓게 되는 듬직한 인물이었다.

우리는 혼자가 아니라는 생각이 들 때 좀 더 세상 살아갈 맛을 느낀다. 특히 경쟁에서 살아남는 것이 최고의 덕목인 사회에서는 누군가 진심으로 나의 안부를 물어봐주는 것만으로도 큰 힘이 될 수 있다는 것을 나는 이미 여러 차례 경험한 바 있다.

내 곁에 있는 사람들은 결국 나와 비슷한 이들이다. 비슷한 고민과 비슷한 스트레스를 안고 살아가는 상대에게는 비슷한 처지에 있는 내 따뜻한 말 한마디가 그 사람의 머릿속에 불을 켜주는 도화선이 될 수 있다.

④ 밝은 에너지가 넘치는 얼굴(Energetic)

거울뉴런이라는 세포 때문에 감정이 다른 사람들에게 전이될 수 있음을 앞에서 설명한 바 있다. 마찬가지로 언제나 긍정적인 에너지로 살아가는 사람 옆에 있으면 나도 할 수 있다는 자신감이 생기고, 상대방에게 남다른 삶의 에너지가 느껴질 때 나 역시 좀 더 열심히 살아야겠다는 생각을 품게 된다.

유재석과 더불어 국민 MC의 한 축을 담당하고 있는 강호동은 특유의 에너지 넘치는 진행 스타일을 통해 자신이 이끄는 프로그램마다 꾸준한 인기를 이어가는 중이다. 특히 SBS 〈놀라운 대회 스타킹〉

에서는 방송 경험이 많지 않은 일반인들이 카메라 앞에서 평소 실력을 마음껏 뽐낼 수 있도록 자신이 먼저 화끈한 리액션으로 응원한다. 출연자들이 긴장하지 않고 방송에 임할 수 있도록 조력자 역할을 하는 것이다. 당연히 메인 MC로부터 엄청난 에너지를 받은 출연자들은 때론 자신의 최고 실력까지 보이며 프로그램을 더욱 빛나게 한다.

강호동과 달리 우리 주변엔 에너지를 빨아먹는 뱀파이어 같은 사람들도 있다. 그 사람만 보면 왠지 나도 짜증이 나고 일하기 싫어지면서 무기력해지는 것이다. 그런 사람들은 진짜 남다른 고통 속에 빠져 힘들어하고 있다기보다 그러한 태도 자체가 습관이 된 경우가 더 많다. 따라서 이런 사람들의 부정적인 이야기에는 가급적 귀 기울이지 말고 나의 행복한 에너지마저 그들에게 빼앗기지 않도록 늘 조심해야 한다.

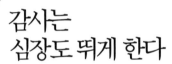

감사는
심장도 뛰게 한다

첫번째펭귄의 선택 44

감사하는 사람은 자신뿐만 아니라 주변 사람들의 심장까지도 뛰게 만든다. 세상 그 누구도 타인에게 빚지지 않고 살아가는 사람은 없다.

신경심장학 연구에 의하면, 사람의 마음과 몸을 최상의 상태로 유지시키는 가장 좋은 방법은 긴장을 푸는 명상이나 기분 좋은 일을 생각하는 것보다 '감사하는 마음'을 갖는 것이라고 한다. 감사하는 마음을 가지면 편안한 휴식을 취할 때나 심지어 수면 상태에 있을 때보다도 심장박동수의 변화주기가 일정하게 유지되는 것으로 밝혀졌다. 감사하기가 단지 정신이나 영적인 문제에만 국한된 것이 아니라 실제로 우리의 육체적 건강과 행복에 직접적인 영향을 미치고 있음이 증명된 셈이다.

특히 띄엄띄엄 감사하는 마음을 갖는 것보다는 집중적으로 꾸준히 감사하는 일상을 살아야 효과가 크다고 하니, 제대로 된 감사야말로 우리의 삶을 풍요롭게 만들어주는 명약이 아닌가 싶다.

국내 연말 시상식에서 2005년부터 2012년까지 무려 8년 연속 대상을 받은 유일한 연예인이 있다. 바로 국민 MC 유재석이다. 실제로 유재석은 이 기간 동안 공중파 3사 중 최소한 한 군데 이상에서 매년 대상을 받으며 명실상부한 국민 MC의 위상을 보여주었다. 그 긴 시간 동안에도 멈추지 않고 스스로를 채찍질하며 최고의 프로그램들을 이끌고 있으니 누가 보더라도 본인의 땀과 노력이 만들어낸 값진 결과라 할 수 있다.

그렇게 매년 듣게 되는 유재석의 수상 소감이지만, 나는 그때마다 그의 모습을 보며 진한 감동을 받는다. 그저 도와준 사람들을 챙기기 위한 인사가 아니라 진심으로 동료들과 시청자들에게 감사하는 마음이 TV를 통해 지켜보는 사람에게도 그대로 전달되기 때문이다. 스스로는 너무 큰 상들만 연이어 받다 보니 겸연쩍어하지만, 그의 평소 활약과 더불어 감사가 몸에 배어 있는 모습을 꾸준히 지켜본 사람들이라면 언제든 진심으로 박수쳐주지 않을 수 없을 것 같다. 감사는 이렇듯 자신의 심장뿐만 아니라 그를 지켜보는 다른 사람들의 심장까지도 뛰게 만드는 힘이 있다.

반면 도통 주변에 감사하는 법을 모르는 위인들도 있다. 내가 흘린 땀방울에 내가 보답을 받는 것인데 왜 타인한테 감사해야 하는지 이해할 수 없다는 사람도 있고, 주변의 도움을 당연한 것으로 인식하는 사람도 있다.

예전에 함께 일했던 어떤 사람은 매달 최고의 영업 실적을 기록하며 다른 동료들의 부러움을 한 몸에 받은 적이 있다. 그러면서도 주변에 커피 한 잔 사는 일이 없고, 지원팀의 노고는 그들의 당연한 역할이라 여기며, 따뜻한 인사 한마디 건네는 걸 본 적이 없다. 오히려 더 성공하고 더 갖기 위해 다른 동료들에게 돌아가야 할 혜택마저 몰래 챙겨가는 것을 목격한 다음부터는 나 역시 그를 대할 때마다 내 심장이 차가워짐을 느꼈다. 그 후로도 그는 다른 사람들이 잘나가는 자신을 시기한다며 점점 더 밉상 캐릭터로 변해갈 뿐, 여전히 진심으로 감사하는 모습 같은 건 찾아볼 수 없었다.

감사하는 마음은 눈에 보이지 않는 듯하나 스스로를 매력적이게 만들어주는 강력한 무기다. 특히 주문을 외우듯 현재에 감사하는 것도 중요하지만, 나와 함께 살아가는 주변 사람들에게 그 감사를 자주 표현하는 것이 더욱 풍성한 관계를 만들고 자신의 삶에 감사한 일들을 이어가게끔 하는 마중물이 된다. 나의 심장이 누군가의 심장을 뛰게 하고 그 심장 소리로 인해 다시 나의 심장이 행복을 펌프질하는 것이다.

진심으로 감사하는 마음을 품고 살아가기 위해서는 평소 주변을 돌아보는 습관이 필수적이다. 사람의 마음속 시선은 기본적으로 나를 향해 돌아서 있기 때문에 수시로 밖을 향해 돌려놓지 않으면 누가 나를 돕고 있는지 깨닫지 못할 때가 많다.

그런데 가끔 이 작업을 반대로 해버리는 사람들이 있어 문제다. 일이 뜻대로 잘 풀릴 때는 그 시선을 자신을 향해 놓다가도 반대로 일이 꼬이거나 만족스럽지 못할 때는 시선을 밖으로 돌려 다른 사람들에게 그 이유를 떠넘기는 것이다. 이런 사람들에게서는 감사의 모습을 보기 힘들 뿐만 아니라 함께 있는 이들의 심장마저도 멈추게끔 하는 반갑지 않은 능력이 있다.

우리는 내가 베푼 선의에 상대가 그 고마움을 몰라주거나 되갚지 않아 섭섭한 감정을 느끼는 경우도 있다. 처음부터 대가를 바라고 힘을 보태준 것은 아니라도 상대가 너무 아무렇지 않게 뒤돌아서는 모습을 보자면 왠지 모르게 생길 수 있는 감정이다.

예를 들어 한국 사회에서는 경조사 때마다 주고받는 봉투 문화가 중요한 관습이다 보니 자신이 과거에 성의를 보였던 만큼 상대가 돌려보내지 않으면 꽤 신경 쓰일 수 있다. 그럴 때는 굳이 티를 내지 않더라도 그를 마주칠 때마다 경우 없는 사람으로 비치는 것이다.

하지만 나도 세상을 조금 살아보니 인간관계라는 것이 꼭 그처럼 A-B의 도식으로만 성립하는 것은 아님을 배우게 되었다. 언뜻 생각하기에 A에게 선의를 베풀었던 B 입장에서는 언제든 A도 내게 그만큼의 성의를 보여주길 기대하지만, 때론 뜻하지 않은 곳에서 C가 나타나 그 역할을 대신 해주기도 하더라는 것이다. 즉, 나는 A가 아닌 '세상'에 선의를 베푼 것이고 그 선의에 대한 보답을 다시 '세상으로부터' 받는 것이다. 우리가 길거리의 걸인들에게 돈을 주면서 반드시 그 사람이 내게 은혜를 갚아주기를 바라진 않지만, 왠지 그러한 선행으로 내게도 좋은 일이 생기길 기대하는 것과 비슷한 원리다.

세상에 존재하는 관계가 꼭 A-B만 있는 것이 아니라 A-B-C의 도식도 성립될 수 있다는 여유로움을 가지고 살다 보면 생략된 감사 때문에 속상할 일도 그만큼 줄어들 것이다. 그러니 잠시 서운하더라도 그것을 너무 오래 담아두거나 상처로 남겨놓지 말고 나를 위해 준비된 C를 기대하며 쿨하게 살아가기를 권한다.

오늘의 나를 있게 해준 감사한 사람들의 얼굴을 떠올려보자. 그 사람은 의외로 내가 싫어했던 친구나 동료일 수도 있고, 어느 날 무심코 도움을 준 이름 모를 키다리 아저씨일 수도 있다.

　특히 이미 크고 작은 성공을 이룬 사람일수록 자신이 스스로 성공했다는 자만에 빠지지 말아야 한다. 자신이 할 수 없었던 그 무엇을 대신 해준 조력자들이 있어 성공할 수 있었다는 사실을 명심해야 한다. 그들의 선택이 없었다면 나의 성공 또한 없었을 것이다. 세상에 빚지지 않은 사람은 아무도 없다.

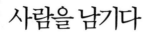

사람을 남기다

첫번째펭귄의 선택 45
선택받기 위한 노력은 평생 이어져야 한다. 한때의 이익을 위해서만 관계를 맺는
사람은 언젠가 반드시 외로운 시절을 겪게 마련이다.

드라마나 영화에서 누군가 죽으면 그 가족이 유품을 정리하는 장면이 자주 나온다. 그 유품들 중 가장 많이 등장하는 것이 바로 몇 장의 사진과 먼지 쌓인 책들이다. 남아 있는 사람들은 사진을 통해 그 사람과의 추억을 회상하고, 꽂힌 책들을 보며 그가 어떤 가치를 품고 살았는지를 짐작해본다.

그런데 그 어떤 사진이나 책들보다도 생전에 그가 어떤 사람이었는지를 알게 해주는 결정적인 단서가 있으니, 그것은 다름 아닌 '사람'이다. 고인 주변에 남아 있는 사람들의 면면을 통해 그가 생전에 어떤 인물이었는지를 짐작할 수 있는 것이다. 그들이 곧 고인을 마지막까지 선택했던 사람들이기 때문이다.

남달리 북적거리는 영안실을 보면 고인이 생전에 높은 자리에 앉았었거나 인심이 후했던 인물이라고 상상해볼 수 있고, 추모객들의 대화 내용을 통해 그가 얼마나 좋은 친구였고 가족이었는지도 알 수 있다.

수년 전, 친구의 아버님이 돌아가셔서 인천에 있는 어느 병원 영안실을 방문한 적이 있다. 다른 친구들과 함께 병원 휴게실에서 밤샘을 하던 중이었는데 갑자기 밖에서 시끌벅적한 소리가 나더니 그 늦은 밤 한 무리의 사람들이 우르르 몰려 들어왔다. 친구 아버님 옆방에 모셔진 고인의 추모객들이었는데 하나같이 건장한 체격에 짧은 머리를 한 청년들이었다. 유별나게 질서정연하면서도 서로를 '형님'이라고 부르는 것으로 미루어 저들이 찾은 고인이 생전에 어떤 업종에 몸담고 있었는지를 어렵지 않게 짐작할 수 있었다.

이처럼 사람은 그가 떠난 후 남겨진 주변 사람들을 통해 자신을 말한다. 하지만 그럼에도 많은 이가 '평생 남을 사람'에 대한 중요성을 쉽게 간과한다. 현재의 인연에 충실한 것은 좋지만 그렇다고 정해진 시간 동안에만 알고 지내는 사람쯤으로 이해하고 나중을 생각하지 않는 관계는 애당초 진심을 기대하기란 어렵다. 직장생활을 하는 동안 매 순간 선택받기 위해 애쓰면서도 상대가 자신에게 더 이상 줄 수 있는 것이 없다는 판단이 들면 당장 거리를 두는 것이다.

지금은 우리가 영위하고 있는 직장생활보다 퇴직 후의 노년생활이 훨씬 더 길어질 것으로 예상되는 시대다. 이 시기에 희로애락을 함께할 친구가 많을수록 병에도 잘 안 걸리고 수명도 늘어나서 삶에 대한 만족도가 월등히 높아진다고 한다.

또한 퇴직하더라도 새로운 직장이나 사업을 찾아 일하는 것이 어색하지 않은 시대인데, 바로 이때도 젊은 날 사회생활을 하며 맺어 두었던 관계들은 생각보다 큰 힘이 될 수 있다. 누구와는 평생 친구가, 또 누구와는 평생 고객이나 평생 멘토가 되어 말 그대로 내 주변에 '남아 있는 사람'이 되는 것이다. 그렇기에 직장에서의 성공을 위한 선택이 아닌, 바로 '나'라는 사람이 끝까지 선택받을 수 있는 노력을 이어가야 한다.

어떤 사람들은 어리석게도 자신의 일시적인 성공만을 위한 인연을 만들어간다. 눈앞의 성과만을 위해 부하 직원들에게 비인격적인 언행을 일삼으며 몰아붙이는 리더도 있고, 당장의 이익에 눈이 멀어 고객들에게 감언이설을 서슴지 않는 영업사원도 있다. 나의 성공을 위해 동료들의 고충 따위는 나 몰라라 하면서도 윗사람의 말 한마디에는 쓸개까지 내놓는 직장인 역시 10년 후의 인간관계를 내다보지 못하는 사람이다. 이들은 하나같이 지금 자신이 겪고 있는 상황만이 가장 중요하다고 생각하고 현재 시점에만 필요한 선택을 받기 위해 발버둥친다. 그러나 이들은 결코 자신의 주변에 사람을 남기지 못한다.

직업군이 다양해지고 SNS 같은 네트워크 도구들이 많아지면서 어떻게 하면 좀 더 넓은 인맥을 갖출 수 있는지에 대한 관심이 높아지고 있다. 휴대전화에 더 많은 사람의 연락처가 저장되는 것이 자랑거리가 되고, 오늘은 트위터 팔로워가 얼마나 늘었는지 수시로 들여다보며 노심초사한다.

하지만 인간관계에서 중요한 것은 단순히 얼마나 많은 사람을 '알고' 있느냐가 아니라, 얼마나 오랫동안 함께할 수 있는 사람을 '남기고' 있느냐 하는 것이다. 한 번의 인연이 사람을 살릴 수도 죽일 수도 있다는 걸 생각해보면, 오히려 무분별한 관계의 확장도 그리 바람직하지 않다.

내가 원하지 않는 사람에게서 원하지 않는 선택을 받게 되는 것만큼 곤란한 상황도 없다. 그래서 내 휴대전화에 얼마나 많은 사람의 이름이 저장되어 있는지도 중요하지만, 반대로 내가 바라는 사람들의 휴대전화에 내 이름이 삭제되지 않고 저장되어 있는 것은 더없이 중요하다.

나는 결혼식보다 장례식에서 더 많은 사람의 선택을 받는 인생을 살고 싶다. 그래서 나를 잘 몰랐던 사람들도 서로의 얼굴을 보며 '이 사람 참 괜찮은 사람이었구나'라고 짐작해줄 수 있었으면 좋겠다. 그렇게 오늘도 사람을 남기며 살아가고 싶다. 물론 당신도 그러길 바란다.

CHAPTER 9

나를 닮은 사랑만
찾아온다

그물을 던져라

첫번째펭귄의 선택 46
누군가의 사랑을 받기 위해서는 내가 먼저 여유롭게 사람을 바라보아야 한다. 완전한 사랑도 결국엔 불완전한 사람끼리 만나 시작되는 법이다.

2012년 크리스마스이브, 여의도를 비롯한 주요 도시 거점 지역에서 '솔로대첩'이라는 이벤트가 열려 큰 관심을 끌었다. 대학생이 중심이 되어 진행된 이 행사는 일면식도 없는 다수의 남녀 참가자들이 각각 반대편에서 서로를 향해 걸어오다 마음에 드는 이성에게 데이트 신청을 하는 일종의 야외 단체 미팅이었다. 행사 자체가 성공이다 실패다 말은 많았지만, 좋은 이성을 만나려는 우리 젊은이들의 마음이 얼마나 간절한지를 엿볼 수 있는 대목이다.

나는 SBS 프로그램 〈짝〉을 즐겨보는 편이다. 대부분 아직 결혼하지 않은 청춘 남녀들이 출연하는 짝 찾기 프로그램이지만, 개인적으로 가장 인상 깊게 시청했던 방송은 '돌싱 특집'이었다. 이미 한 차례의 결혼과 이혼을 경험한 사람들이 만나 두 번째 짝을 찾아가는 과정을 그린 특집 방송이었는데, 기존의 미혼 남녀들이 짝을 찾아가는 과정과는 확실히 다른 점이 하나 있었다. 나는 이것을 '낚시'와 '그물'에 비유한다.

지금도 많은 미혼 남녀가 멋진 사랑을 나눌 이성을 찾아 열심히 낚싯줄을 던진다. 잘생기고 예쁜 사람, 착한 사람, 돈 많은 사람, 예의바른 사람, 학벌이 좋은 사람, 이해심이 많은 사람, 스타일이 좋은 사람 등 자신이 생각하는 낚싯줄들을 한꺼번에 던져 누군가 그 '모든' 낚싯줄에 걸리길 기다린다. 본인은 별로 까다롭지 않은 조건이라고 말하지만, 붕어도 한 사람이 쳐놓은 여러 낚싯줄 모두에 동시에 걸리는 일은 없는 법. 따라서 마음에 드는 이성은 쉽게 눈에 안 띄고, 어쩌다 누군가를 만나도 금세 질리거나 성에 안 차는 게 당연하다. 어느 낚싯줄엔가 걸린 인연을 반가운 마음에 잠시 살펴보긴 하겠지만, 결국 나머지 조건에 대한 아쉬움을 떨쳐내지 못해 다른 인연을 기다리게 되는 것이다.

그런데 '돌싱 특집'의 출연자들은 달랐다. 그들은 낚싯줄이 아닌 그물을 던지고 있었다. 어떤 출연자는 '아이를 함께 키워줄 수 있는 사람'이면 좋겠다 했고, 어떤 출연자는 '종교가 같은 사람'이면 좋겠다고 했다. 자기가 정말 중요하게 생각하는 가치들로 그물을 만들어 던져놓고 일단 그 안에 들어오는 사람이라면 서로 알아가는 과정을 가져볼 수 있다는 뜻이다. 당연히 선택의 후보군 자체가 넓어진다.

그렇다고 이들이 당장 재혼이 급한 것도 아니다. 오히려 다들 자기의 일을 가지고 있고, 마땅한 인연이 나타나지 않으면 그대로 혼자 살아갈 생각도 있는 사람들이다. 다만, 그들이 겪은 남다른 경험을 통해 이성을 바라보는 눈이 훨씬 더 여유로우면서도 지혜로운 느낌이었다.

그물을 친다는 것은 눈을 낮춰 아무나 만나는 것과는 다른 의미다. 오히려 내가 짜놓은 그물에 더 많은 대상자가 들어올 수 있게 하여 연애 기간을 통해 나름의 후속 검증을 해나갈 수 있으니, 한 번에 여러 개 낚싯줄에 모두 걸리는 사람을 기다리는 것보다는 양과 질 모두에서 유리할 수 있다. 이 세상 대부분의 연인과 부부가 그렇게 만나 서로에게 맞지 않는 부분들을 이해하고 맞춰가며 살아간다.

다만, 이 그물이 실제로 물고기를 잡는 그물과 다른 점이 하나 있다면 더 다양한 종류의 사람들이 들어올 순 있어도 원칙적으로 한 번에 한 사람씩만 들어올 수 있다는 것이다. 많은 대상자가 그물을 오갈 순 있으나 그 대상자들을 한꺼번에 넣고 건져 올릴 순 없다는 뜻이다. 물론 소위 어장관리를 하고 있는 사람들에겐 해당되지 않는 원칙이겠지만 말이다.

몇 년 전, 직장을 다니던 때의 일이다. 이직한 지 얼마 안 된 탓에 나에 대해 잘 모르고 있던 차장 한 분이 어느 날 거나하게 술에 취해 전화를 걸어 왔다.

"어이, 김찬호 과장! 내가 여자 소개해줄까?"

"와우! 정말이세요? 어떤 여잔데요?"

이럴 땐 일단 상대방의 기분을 맞춰주는 게 상책이다.

"내가 알고 있는 돈 많은 집 딸인데, 그 집 회장님이 그저 자기 딸 사랑해줄 수 있는 남자면 아무것도 안 들고 와도 괜찮대! 어때? 생각

있어?"

"이야! 그런 집 딸이면 저도 당연히 생각이야 있죠!"

"그래? 그럼 한번 만나볼래?"

"만나는 건 어렵지 않은데요, 그 전에 와이프한테 물어봐야 돼요."

순간 전화 너머에서 술 깨는 목소리가 그대로 전달됐다.

"엥? 김 과장 결혼했어? 이런, 아쉽네."

"저도 아쉽네요, 차장님! 하하, 암튼 챙겨주셔서 고맙습니다!"

가끔 남자들끼리 모여 그때 일을 이야기하다 보면 농담 삼아 내 인생 최대의 선택 오류가 아니었을까 말하기도 하지만, 역시 그 선택 하나를 바꾼다 해서 현재만큼의 행복을 누리지는 못 했을 거라 확신하며 똑같은 사람 옆에서 지금도 꿋꿋하게 살아가고 있다.

어쨌든 지금 생각해보면 그 회장님도 당시 딸의 혼사를 위해 그물을 쳐놓고 있는 상태였다. 자신의 딸만 사랑해줄 그런 남자 말이다. 물론 정작 그 딸은 이런저런 낚싯줄만 내려놓고 시간을 보내고 있었는지 모르겠지만, 최소한 그녀의 아버지는 그물을 쳐서 사람을 기다리는 것이 딸의 행복을 위해 더 유리하다는 사실을 알고 있었던 것 같다.

다시 말하지만 내게 맞는 이성을 찾아가는 과정은 붕어 한 마리를 낚는 낚시질과는 차원이 다르다. 남들은 일찌감치 그물을 쳐서 이 사람 저 사람 만나보며 자신에게 어울릴 사랑을 찾아가고 있는데, 나만 고집스레 어수선한 낚싯줄들을 내려 한꺼번에 잡혀주기를 바란다면 평생 '남자 혹은 여자 낚는 어부'로만 살아가야 할지도 모른다. 특히 사랑이란 어느 한쪽의 선택만으로 이루어지는 것이 아니기에 나 또한 먼저 누군가 쳐놓은 촘촘한 그물에 들어갈 수 있는 사람이 되어야 한다.

낚싯줄만 내려놓고 대책 없이 기다리다가는 언젠가 '어느 낚싯줄에든 하나만이라도 걸려라, 제발……' 하는 주문을 외우고 있는 자신을 발견하게 될 날이 온다. 그것은 어쩔 수 없이 마지막 열 번째 빵 접시를 선택하는 것과 다를 바 없다. 정말 그럴 각오가 되어 있다면 모를까, 그게 아니라면 오늘 당장 촘촘하게 엮은 자신만의 그물을 넓은 바다에 던져보자. 그 밑에는 아직도 떠오르지 않은 보물들이 많이 숨어 있으니까.

원하는 것보다
원하지 않는 것

첫번째펭귄의 선택 47
처음엔 상대가 원하는 모든 것을 해줄 것처럼 헌신한다. 하지만 정작 사랑이 위기
에 처하는 순간은 상대에게서 내가 원하지 않는 모습을 보게 될 때다.

나는 놀이동산을 별로 즐기지 않는다. 어릴 때부터 놀이기구 타는
것이 정말 무섭고 힘들었다. 평소 결단력 있고 때론 거침없는 주장
도 펼치는 내 모습을 생각하면 분명 의외의 면이다. 반면, 늘 조용하
고 말도 별로 없는 와이프는 이런 나와는 반대로 놀이동산만 가면
신 나게 소리 지르며 자유이용권이 아깝지 않을 정도로 논다.

둘이 연애를 막 시작하기 직전, 그러니까 내가 한참 그 사람의 선
택을 고대하던 시절에 큰 결심을 한 일이 있다. 어떻게든 함께 시간
을 보내며 점수를 따보고 싶은 마음에 놀이기구를 못 탄다는 사실을
숨긴 채 내가 먼저 놀이동산에 가자고 제안했던 것이다.

"우리 놀이동산 갈까?"

"언제요?"

"뭐, 아무 때나……."

"기왕 갈 거면 평일에 시간 맞춰봐요. 그래야 사람이 없어서 여러 번 탈 수 있거든요!"

"어…… 그래? 그럼, 그러든지……."

결국 우리는 기어이 가장 한적한 날을 골라 놀이동산에 갔고, 모두가 예상하는 바와 같이 그날 나는 거의 죽다 살아났다. 물론 그 덕분에 서먹서먹했던 둘 사이가 많이 가까워졌으니 지금 생각해도 후회 없는 선택이었다.

나뿐만 아니라 많은 사람이 연애 초기에는 상대의 선택을 받기 위해 별별 짓을 다한다. 적잖은 돈을 지출해가며 화려한 이벤트나 선물도 하고, 즐기지 않던 음식이나 취미까지도 상대방이 원하는 것이라면 기꺼이 맞춰준다.

하지만 연애를 조금이라도 해본 사람들은 안다. 뜨거웠던 사랑의 온도를 낮추고 자신의 선택을 후회하는 순간은, 내가 원하는 것을 상대방이 해주지 않았을 때보다 내가 원하지 않는 행동을 상대를 통해 보게 되었을 때라는 것을 말이다. '꼴도 보기 싫은' 사람이 된다는 것은 상대에게서 더 이상 보고 싶지 않은 무언가가 생겨났다는 뜻이다.

"속 좁은 남자, 이제 꼴도 보기 싫어!"

"헤어지자는 말을 밥 먹듯이 하는 여자, 이제 꼴도 보기 싫어!"

관계의 초기 단계에서는 상대가 무엇을 좋아하는지에 관심이 집중되지만, 그 관계가 깊어지면 깊어질수록 상대가 무엇을 싫어하는

지에 대한 세심한 배려가 더 필요하다. '사랑하니까 이해해주길 바란다'는 것은, 선택받기 위해 목숨까지 걸 것 같았던 시절을 망각하고 오직 자신의 생각만을 우선시하려는 이기적인 태도다.

특히 매일 얼굴을 마주치는 가족 간에는 더더욱 상대방이 원하지 않는 것에 대한 배려를 해주어야 서로 상처를 주는 불편한 상황을 미연에 방지할 수 있다. 우리는 가끔 사춘기 자녀의 일기장을 들춰본다든지, 부모의 약점을 건드린다든지, 혹은 배우자가 싫어하는 취미생활에 빠져 그들과 갈등을 일으킨다. 단지 가족이기 때문에 그들이 나의 모든 것을 이해해줘야 한다는 생각은 상대에게 더 큰 상처를 남길 수 있다는 점에서 주의가 필요하다.

신경과학의 여러 연구 결과들을 보면, 사랑의 호르몬은 시간이 흐를수록 줄어든다. 하지만 실제로 많은 커플이 시간이 지나도 좋은 관계를 유지하는 것은 그들 나름의 노력들을 계속 이어가고 있기에 가능한 일이다. 서로에게 선택받기를 끊임없이 갈망하며 애쓰고 있다는 뜻이다.

사랑하기에 모든 것이 용서되는 시기는 사실 아주 짧다. 그래서 우리는 상대가 좋아하는 것을 함께 나누는 것만큼이나 상대가 싫어하는 것에도 관심을 기울여 문제를 해결하려는 모습을 보여줄 필요가 있다.

감정에만 빠져 있는 사랑은 지혜롭지 못한 사랑이다.

박사가 되다

첫번째펭귄의 선택 48
누군가를 사랑한다는 것은 그 한 사람에 대해 최고의 전문가가 된다는 것을 말한다. 이 과정에 충실하지 못한 사람은 결코 온전한 선택을 받을 수 없다.

학교 다닐 때, 유독 연애 상담을 잘해주는 친구가 있다. 아마 이런 친구는 남자들보다 여자들 사이에서 더 흔했을 텐데 바로 그 '주변 친구' 때문에 헤어진 커플들도 꽤 많았을 것이다.

이처럼 단순히 계속 사귈지 말지를 선택해주는 역할에서부터 이성의 심오한 심리 상태를 꽤 논리적으로 설명하며 구체적인 행동코칭까지 해주는 일명 '연애 박사'가 우리 주변엔 더러 있다. 영화 〈건축학개론〉에서도 주인공 승민이 옆에는 항상 납득이가 함께하며 친구의 첫사랑을 돕기 위해 자신의 이론과 실전을 전수해주는 장면이 나온다. 물론 이 같은 연애 박사는 친구나 직장 동료, 가족 혹은 선배일 수도 있는데, 우리는 그들의 전문적인(?) 조언을 들으며 나도 차라리 저들처럼 연애 박사가 되면 좋겠다는 생각을 한 번씩 해본다. 그러면 나도 좀 더 이성으로부터 쉽게 선택받을 수 있을 테니 말이다. 하지만 이런 의문도 생긴다.

'과연 연애 박사가 될 필요가 있나?'

박사가 무슨 뜻인가? 박사란 한 분야에 대해 남다른 정통함을 가지고 있는 사람이다.

사랑하던 사람들이 헤어지는 대개의 원인은 서로의 마음을 제대로 이해해주지 못하는 데서 비롯된다. 나의 진심을 읽어주지 못하고 자기 멋대로만 행동하려는 상대방을 볼 때 우리는 이별의 감정을 키우는 것이다.

다시 말해 온전한 관계를 이어가기 위해 필요한 것은 연애 박사가 전해주는 단순한 연애의 기술이 아니라 사람에 대한 이해, 즉 내가 만나고 있는 바로 그 한 사람에 대한 박사급의 정통함이다.

아무리 연애 경험이 많고 이성에 대한 해박한 지식을 가지고 있을지라도 지금 내가 사랑하고 있는 단 한 사람에 대해 박사가 되지 못하면 아무런 의미가 없다. 그리고 이것은 연애 박사가 되는 일보다 몇 갑절은 더 어려운 일이다. 정작 연애 박사라 불리는 사람들마저 갈등과 이별의 과정을 겪는 이유 역시 이들이 진짜 박사 수준까지는 이르지 못했기 때문이다. 평생을 함께 산 노부부도 가끔은 상대방의 마음을 다 헤아리지 못해 서운해하는 걸 보면 누군가에 대해 박사가 된다는 것은 굉장히 어려운 일이다.

카페에 앉아 글을 쓰고 있다 보면 주변에서 연애 상담 중인 청춘들을 자주 목격한다. 이들은 하나같이 파트너의 못마땅한 부분을 하소연하듯 쏟아낸 후 자신이 믿을 만한 연애 박사님의 현명한 판단을 기대한다.

"지난번에 그 얘기 다시 안 하기로 약속했는데 또 하는 거야. 매번 싸우는 것도 싫구. 나 어떻게 하면 좋을까?"

하지만 앞에 앉아 있는 그 친구는 내 파트너에 대해 나만큼 알지 못한다. 아무리 미워도 내 파트너는 내가 제일 잘 안다. 이혼 상담소에 가서 백날 해답을 구해봐야 일반적이고 통계적인 조언만 얻을 수 있을 뿐, 결국 배우자를 제일 잘 아는 것은 나 자신이다. 관계에 대한 모든 해답이 사실은 내 안에 가장 잘 축적되어 있다는 얘기다.

두 명의 주부가 전철에 올라타 내 옆자리에 앉았다. 본의 아니게 그녀들의 이야기를 가까이서 들을 수 있었는데, 그녀들은 서로 경쟁하듯 한바탕 남편과 시댁 욕을 늘어놓았다.

"우리 남편은 애 잘못하면 만날 나한테만 뭐라고 그래! 자기는 돈만 벌어다주면 되는 줄 안다니까!"

"우리 시댁은 고마운 걸 몰라! 그러면서 매번 뭐 해주기만 바래!"

"술 좀 그만 먹고 다녔으면 좋겠어!"

내가 내릴 때까지 20여 분간 그녀들의 수다는 계속되었고, 덕분에 나는 한 번도 본 적 없는 남의 집 남편과 시집 식구들의 소소한 일상을 파악할 수 있었다.

그녀들은 오랜만에 만난 친구에게 평소 받았던 스트레스를 씩씩거리며 풀어내고 있었지만, 사실 그들은 누구보다도 자신들의 가족을 잘 알고 있는 '박사'였다. 비록 옆 사람이 듣는지 안 듣는지도 모른 채 가족의 뒷담화를 늘어놓았지만 정작 남편과 가족에게 문제가 생기면 가장 지혜롭게 대처할 수 있는 사람 또한 그녀들 자신인 것이다.

군이 연애 문제나 가정 문제의 기술적인 박사가 될 필요는 없다. 그건 그냥 일반적인 노하우로 보이는 지식을 좀 더 알고 있다는 것일 뿐, 실제로 연애를 잘하거나 진짜 사랑을 하는 것과는 다른 문제다. 그보다는 지금 내 곁에 있는 사람이 어떤 사람인지에 대해 더 깊이 관심을 가져야 한다. 그 사람이 지금 무슨 생각을 하고 있고 왜저런 행동을 하는지를 그나마 잘 이해할 수 있는 사람은 그 누구도아닌 바로 나 자신이다.

마지막으로, 오래된 커플일수록 이러한 박사 과정에 더욱 충실히임해야 한다. 사람은 누구나 변한다. 그러므로 과거에 보았던 모습이 전부라 단정하지 말고 현재의 그 사람이 바라는 것과 힘들어하는것을 바라보며 보듬어주는 진짜 박사로 거듭나야 한다.

자, 지금 당신은 누구의 박사인가?

관계 등거리 법칙

첫번째펭귄의 선택 49
당장 선택받지 못했다고 해서 억지로 관계를 좁히려 한다면 상황은 오히려 악화될 수 있다. 사랑은 기준점을 향해 서로의 거리를 맞춰가는 고난이도 작업이다.

나와 와이프는 6년을 꽉 채워 연애를 한 후 결혼에 골인했다. 가끔 후배들이 어떻게 그 긴 시간 동안 한 번도 헤어지지 않고 관계를 이어갈 수 있었냐고 물어오는데, 나는 그때마다 우리 두 사람이 늘 비슷한 거리를 유지하고 있어 가능했던 것 같다는 말을 해준다.

우리는 둘 다 상대를 방목放牧하는 연애 스타일이었다. 처음에야 남들처럼 거의 매일 얼굴을 보고 밤마다 전화통화도 몇 시간씩 하고 그랬지만, 연애가 안정권(?)에 접어들면서 서로를 좀 더 편한 거리에서 바라보게 됐던 것 같다.

다른 연인들은 어느 한쪽이 외국에 있더라도 전화통화만은 거의 매일 한다던데, 우리는 와이프가 어학연수를 가 있는 7개월 동안에

했던 통화 건수가 총 10회가 안 된다. 지금 떠올려보니 중간중간 컴퓨터 메신저를 통해 서로의 생사만 확인하며 지냈던 것 같다.

특히 결혼하기 직전 몇 년간은 서울과 천안을 오가며 연애했는데, 그때도 몇 주에 한 번씩 둘 중 한 사람이 움직여 만나는 정도였다. 한 시간 정도면 갈 수 있는 거리라 그리 멀지도 않았지만 두 사람 다 그런 패턴에 큰 불만이 없었던 것 같다. 당시 지방에 살던 애인을 보기 위해 주말마다 김포공항에서 비행기를 타고 내려가던 친구가 있었다. 물론 나는 평생 닮아갈 수도 없는 그런 종족이다.

우린 지금까지도 생일이나 각종 기념일에 선물을 거의 주고받질 않는다. 딱히 그렇게 하기로 약속한 적이 없는데도 자연스럽게 그 돈으로 이곳저곳 놀러 다니며 맛있는 것을 사먹는 데 더 익숙하다. 그뿐만 아니라 10년이 훌쩍 넘도록 서로의 휴대전화 문자를 확인한다든지 비밀번호를 공유해 상대방 메일을 열어본다든지 하는 일도 없다. 두 사람 모두 그것이 합리적인 선택이라 여겼기 때문이다.

여기까지 듣고 나면 어떤 사람들은 이렇게 생각할지도 모르겠다.

'참 재미없는 커플이네.'

맞다. 남들이 볼 땐 재미없는 커플일지도 모르겠다. 하지만 여기서 중요한 것은 나와 와이프 두 사람 모두 이러한 연애 스타일을 아무렇지 않게 생각했다는 사실이다. 만일 어느 한쪽만이 이런 재미없는 관계를 추구했다면 다른 한쪽은 분명 크게 아쉬워했을 법하다. 생일에 선물도 안 챙겨주고, 전화도 자주 안 하고, 얼굴도 매일 안 보러 오고, 휴대전화는 꼭꼭 숨겨두기만 하는 등의 행동들이 누군가에게는 이상하게 보이고 스트레스가 될 수도 있기 때문이다.

그래서 사랑을 할 때는 두 사람 사이에 기준점을 두고 그 기준점으로부터 가급적 비슷한 거리에서 마주보고 서 있는 것이 가장 좋다. 그러한 균형이 관계의 추를 어느 한쪽으로 기울지 않게 하고 오랫동안 지속되도록 만든다. 나는 이것을 '관계 등거리等距離 법칙'이라고 부른다.

한 사람은 기준점 1미터 앞까지 와 있는데 다른 한 사람은 10미터 밖에 떨어져 있다면 분명히 어느 한쪽은 지칠 수밖에 없는 구조다. 다른 한쪽이 잘못하고 있는 것이 아니라 서로의 스타일이나 애정의 정도에서 차이가 생겨버리는 것이다. 처음부터 그런 관계일 수도 있고, 거꾸로 시간이 지나면서 그렇게 돼버리는 관계도 많다. 어쨌든 이 정도가 되면 누구든 한쪽의 실망감이 커질 수 있는 상태인지라 관계가 건강한 모습으로 지속되기란 어렵다.

이제 짝사랑이 왜 짝사랑일 수밖에 없는지 알겠는가? 관계 등거리 법칙이 완벽하게 무시되는 대표적인 사례이기 때문이다. 한쪽은 일방적으로 기준점 근처에 와 있는데 다른 한쪽은 그 사람이 그런 마음을 품고 있는지조차 모르는 경우가 대부분이니, 이루어질 수 없는 짝사랑이 돼버리는 것이다.

나는 와이프에게 처음 사귀자고 고백했을 때 두 번이나 거절을 당했던 이력이 있다. 그리고 그때마다 와이프가 했던 말이 "조금 부담스럽다"는 것이었다. 그 사람은 아직 기준점에서 멀찌감치 떨어져 나를 선택할 준비가 안 되어 있는데 나 혼자 그곳을 향해 성큼성큼 걸어가고 있던 상황이다. 그래서 난 의도적으로 기준점에서 조금 떨어져 그녀를 바라보기로 했고 몇 개월간의 노력 끝에 거리를 비슷하게 맞춰놓자 그제야 그녀의 마음도 열렸다.

사랑 고백을 거절 당하고 나면 상대에게 이렇게 말하는 사람들이 있다.

"내가 기다릴게."

그 말은 곧 지금 자신의 거리는 움직이지 않고 상대가 비슷한 거리까지 오기만을 기다리겠다는 뜻이다. 하지만 마음의 준비가 되어 있지 않은 사람 입장에서는 먼저 가까이 다가와 있는 사람이 더 부담스러울 수 있다. 그래서 이럴 때는 조급해하고 불안해하기보다 일단 상대방이 서 있는 거리만큼 자신도 기준점에서 떨어져 있어보는 것이 그나마 선택받기의 확률을 높이는 방법이다. 사람은 누구나 자신과 닮은 거리에 서 있는 사람이 가장 편하고 익숙하기 때문이다.

고장난명孤掌難鳴. 손바닥도 마주쳐야 소리가 난다는 이 말 역시, 어느 한쪽이 멀리 떨어져 있으면 아무 소리도 낼 수 없다는 의미에서 그 맥락을 같이한다. 사랑은 소유하거나 강요할 수 있는 것이 아니기에 상호간의 거리를 맞추는 일은 그래서 더 중요하다.

조금만 더 여유롭게, 조금만 더 차분하게……. 그러면 사랑은 더 뜨거워질 수 있다.

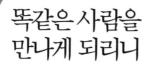

똑같은 사람을
만나게 되리니

첫번째펭귄의 선택 50
우리는 누구나 자신의 속사람과 닮은 사람을 만나 어울리게 마련이다. 서로의 수준이 맞지 않는 관계는 어느 한쪽이 쉽게 지쳐 오래가지 못한다.

바보 같은 질문을 하나 던져보려 한다. 당신은 연인을 선택했는가, 아니면 그 사람에게서 선택을 받았는가?

"둘 다 아닌데?"

아무래도 그냥 편하게 이렇게 답하는 이가 많을 것 같긴 하다. 결국 모든 관계는 상호간 선택으로 성립되는 것이니 충분히 그렇게 대답할 만하다.

하지만 실제로 이성을 사귈 때 많은 사람은 '내가 그 사람을 선택했다'고 생각하는 경향을 보인다. 원하는 사람을 내가 직접 선택해 만나고 있다는 확신을 가지고 있는 것이다. 물론 이게 틀린 생각은 아니다. 누구나 당연히 좋아하는 사람과 교제하고 싶고 가급적이면 그런 사람을 내가 선택해서 만나는 것이 내 인생을 주도적으로 살아가는 모습처럼 보이니까 말이다.

그런데 그 사귐을 가만히 들여다보면 결국에는 내가 '선택받아' 교제가 시작되었다고 생각하는 것이 좋은 관계를 오래 지속하는 데 도움이 될 때가 많다.

내가 상대를 선택했다는 관점에서 교제를 시작하면 결국 '내 뜻'과 '내 기분'이 중심에 설 수밖에 없다. 관계 지분이 50:50도 아닌, 조금이라도 중심이 기울어진 51(나):49(상대방)의 관계를 내심 원하고 있는 것이다. 애당초 49:51의 관계는 왠지 굴욕적이고 자존심 상한다고 생각해서인지는 모르겠으나, 50:50의 관계마저 내가 너무 많은 양보를 하는 것이라는 느낌이 든다. '나는 사랑받기 위해 태어난 사람'이라는 확신이 너무 강한 것이다.

사실, 이런 모습이 연인들에게서만 발견되는 현상은 아니다. 조직 안에서도 비슷한 유형의 사람들을 얼마든지 만나볼 수 있다. 성격 때문이든 역할 때문이든 이런 사람들은 주변인들과의 관계에서도 자신이 꼭 '51' 이상을 손에 쥐고 있어야 안심한다. 관계 지분이 '49' 이하라고 생각되는 상대방을 좀 더 '쉽게' 대하려 하고, 자신과 조금만 다르다는 생각이 들면 배척하기를 서슴지 않으며, 항상 남들이 먼저 자신을 이해해주길 바란다. 자신이 '51' 이상의 지분을 가지고 있다고 생각하면 당연히 나올 수 있는 행동들이다. 그리고 그런 '만만한' 사람이 곁에 없으면 끝까지 자신의 모습을 이해해줄 만한 사람을 기다리며 나 홀로 쿨하게 살아간다. 그런 상대를 내가 또 '51'의 지분을 가지고 선택하면 그만이지 굳이 앞에 있는 사람에게 잘 보일 필요가 없다는 생각에서다.

하지만 사람은 자신과 비슷한 수준의 사람을 만나게끔 되어 있다. 여기서 말하는 수준이란 부富나 명예 혹은 직급과 같은 '겉사람'을 말하는 것이 아니라, 기본적으로 그 사람이 가지고 있는 됨됨이와 그릇 등을 나타내는 '속사람' 정도로 이해하면 무난하다.

가난은 숨길 수 있어도 사람의 근본은 숨길 수가 없다. 아무리 높은 직급으로 무게가 실리고 얼굴에 화려한 치장을 하며 살아간다 해도 잠시만 만나보면 껍데기뿐인 속사람을 알아보는 것이 어려운 일은 아니다.

상대방보다 우위를 점하며 연애하고자 하는 사람은 결국 비슷한 생각을 가진 상대를 만나 다툼만 빈번해질 것이 뻔하다. 동료보다 높은 지분을 유지하려는 직장인 역시 언젠가 자기밖에 모르는 상사나 부하직원 때문에 마음고생할 날이 오게 되어 있다. 자신보다 낮은 관계 지분을 가지고 있는 사람들이 좋다고 남아 있을 리가 없으니 결국 비슷한 사람들끼리 마주치게 되는 것이다.

그럼에도 불구하고 자신보다 높은 수준의 사람을 만나 어울리겠다는 사람들이 있다. 그건 서로 다른 수준의 사람을 만나 처음부터 불공정한 관계를 맺겠다는 뜻인데(더군다나 자신보다 높은 수준의 사람을……), 처음에는 의도대로 잘될지 몰라도 시간이 지날수록 결국 속사람의 수준 차이 때문에 어느 한쪽이 지쳐가게 마련이다. 진짜 높은 수준에 있는 사람이 낮은 수준의 사람 곁에 남아 에너지를 소진할 이유도 없거니와 낮은 수준의 사람이 높은 수준을 따라가는 데도 한계가 있기 때문이다.

이성관계라면 더더욱 그렇다. 높은 수준의 속사람을 가진 이성을 만나려거든 내가 먼저 그 수준의 사람이 되어 있어야 한다. 이해심이 많은 여자는 이해심 많은 남자를 좋아하고, 꿈이 큰 남자는 꿈을 소중하게 생각하는 여자에게 매력을 느끼는 법이다. 자신을 담아낼 수 없는 상대를 선택하려는 사람은 세상 어디에도 없다.

학창 시절, 부모가 자녀에게 좋은 친구를 사귀라 말하는 건, 그런 친구들과 어울리며 당신들의 자녀도 높은 수준으로 성장하길 바라기 때문이다. 자녀가 나쁜 친구를 사귀어 낮은 수준의 인생을 살아가길 바라는 부모는 세상에 없다. 유유상종類類相從. 결국 부모들의 예상대로 우리는 시간이 흐를수록 더더욱 비슷한 사람끼리 어울리게 된다.

지금 이 순간에도 적잖은 사람들이 관계 지분을 철저히 자신에게로 끌어오려는 욕심을 부리고 있다. 하지만 잊지 말아야 한다. 결국 똑같은 사람을 만나게 될 것임을……. 물론 이 말은 누군가엔 축복이 될 것이고 누군가에겐 저주가 되겠지만 말이다.

CHAPTER 10

더 멋진 선택을
기다리며

또 하나의 얼굴, 언어

아이들에게 엄마 아빠 얼굴을 그려보라고 하면 뾰족하거나 둥근 얼굴을 먼저 그린 후 그 안에 눈, 코, 입을 채워 넣는다. 삐뚤삐뚤하긴 하지만 아이들이 그려낸 얼굴은 신기하게도 실제 부모의 모습과 분위기가 많이 닮아 있다. 도화지에 그린 것은 단지 커다란 얼굴에 눈, 코, 입뿐이지만 아이들은 확실히 자기 부모 특유의 분위기까지 그려내는 것 같다.

우리는 여러 미술 작품들을 보면서 그 안에 담긴 주인공의 실제 모습을 상상하고, 한 걸음 더 나아가 지금 그의 기분 상태까지도 짐작해볼 수 있다. 그런 것을 보면 사람의 인상을 읽어내는 데에는 단순히 얼굴의 생김새만 영향을 미치는 것 같진 않다.

사람의 인상을 결정짓는 요인에는 여러 가지가 있겠지만, 무엇보다도 그 사람이 사용하는 언어를 통해 그의 많은 것을 읽어낼 수 있다. 비록 얼굴도 모르는 상태에서 통화만 하거나 그 사람이 쓴 책만 읽더라도 그가 어떤 성격을 가졌는지, 다른 사람을 배려하는 사람인지, 평소에 공부는 얼마나 하는 사람인지, 주변에 사람이 많을지 등 적잖은 배경들을 눈치챌 수 있다.

　즉, 상대방이 사용하는 언어를 통해 내가 선택하고 싶은 사람인지 멀리하고 싶은 사람인지가 결정되는 것이다. 왜냐하면 사람이 구사하는 언어는 그저 말이나 글에서 그 역할이 끝나는 것이 아니라, 한 사람의 생각과 관심 분야 그리고 배움과 겸손처럼 '속사람의 얼굴'을 함께 담아놓고 있기 때문이다. 친구들과 농담 삼아 하는 "넌 입만 다물면 참 좋은 녀석인데……"라는 말도 결국 그 친구가 사용하는 언어들이 그의 좋은 장점들마저 가리고 있음을 에둘러 표현한 것에 다름 아니다.

　우리 주변엔 습관적이든 의도적이든 빈정대는 화법을 즐기는 사람들이 있다. 대체로 이런 사람들은 칭찬에 인색하고 본인의 그 같은 말투를 친근감의 표시라고 단정한다. 그러나 그런 화법으로는 간혹 칭찬을 하는 것 같아도 온전한 칭찬이 아닌지라 듣는 사람 입장에서 편하지가 않다. 게다가 그가 누군가를 부러워하거나 돋보이게 하는 일이 왠지 자신을 초라하게 하는 일처럼 느껴진다. 어쩌면 그는 다른 사람을 인정함으로써 자신의 자존심이 상하는 것처럼 느낄 수도 있고, 단지 누군가를 인정하는 행동이 어색하고 불편한 것일 수도 있다. 진심이 무엇이든 그 사람이 내뱉는 말은 아무리 친한 사람이라도 거리감을 준다.

무엇보다 빈정대는 말투를 자주 사용하는 사람은 그 스스로가 남들이 부러워하는 자리에 오를 가능성마저 희박해진다. 사람은 절대 혼자서 무엇인가를 이룰 수 없는 존재인데, 그런 식으로 평소 인심을 잃기 시작하면 결정적인 순간에 그 사람을 선택하고 싶은 마음이 사라지기 때문이다. 그야말로 평소에 다른 이들의 머릿속 불을 하나하나 끄고 다니는 사람이다. 그뿐만 아니라 자신이 주인공으로 주목받고 싶은 순간이 와도 남들의 차가운 복수를 각오해야 할지도 모른다.

나이가 웬만큼 들어서도 입에 욕설을 달고 다니는 사람들 역시 자신의 얼굴을 제대로 가꾸지 못하는 이들이다. 언제나 바른말 고운 말만 사용하며 살아갈 순 없겠지만 그렇다고 말끝마다 'ㅆ' 발음이 난무한다면 사람 자체가 무척이나 저렴해 보인다. 그가 살아온 인생의 발자취가 아무리 대단하고 현재 위치가 아무리 높다고 한들 결국 입을 통해 나오는 단어 하나, 억양 하나가 그 사람을 가벼운 인물로 전락시키는 것이다.

많은 사람이 심각성을 느끼고 있다시피 인터넷에서 사용되는 언어는 더욱 가관이다. 사람을 죽이는 언어, 편을 가르는 언어, 거짓과 꾸밈이 가득한 그런 언어들도 우리가 가까이하지 말아야 할 얼굴들이다. 어떤 사람들은 글에 숨겨진 의미를 살피라 호소할지 모르겠지만, 언어는 그 내용만큼이나 표현법도 아주 중요하다.

나는 회사를 다닐 때 업무용 메일 하나 쓰는 데만 몇 시간씩 고민한 적도 있다. 표현상의 작은 실수 때문에 자칫 상대방의 마음이 불편해지거나 일이 틀어질 수도 있었기 때문이다. 만약 그런 일이 발생한다면 내용은 무조건 뒷전으로 밀리게 마련이다.

언어는 그 언어를 사용하는 사람을 적나라하게 보여주는 또 하나의 얼굴이다. 내가 얼굴을 들고 다니는 이상 나를 숨길 수 없는 것처럼, 입을 열고 펜을 들어 누군가와 소통할 때 언어는 나의 속사람을 드러내는 거울이 된다.

어른이나 아이나 말을 예쁘게 하는 사람이 선택도 잘 받는 법이다. 그런 사람은 실제 자신이 가진 외모보다 더 매력적으로 느껴지는 경우도 많고, 일부러 자랑하지 않더라도 흘러나오는 언어를 통해 그의 위대한 속사람의 실체가 드러난다. 말 한마디로 새로운 기회를 얻을 수도, 있던 자리마저 빼앗길 수도 있는 것이다.

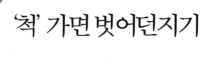

'척' 가면 벗어던지기

요즘 20대는 30대인 내가 봐도 거침없고 자신감이 넘친다. 비록 비싼 대학등록금과 취업 문제 등이 그들을 힘겹게 하지만, 어디서든 자신을 당당히 드러내며 좋고 싫음을 분명히 표현하는 분방함이 매우 자연스럽다.

물론 지금은 단지 20대들에게서만 이런 당당한 모습을 볼 수 있는 시대는 아니다. 불과 수년 전만 하더라도 '지금은 자기 PR시대!'라는 구호가 아직 남들 앞에 서길 주저하는 많은 사람에게 부담을 주었던 것이 사실이다. 하지만 이제는 개인이 먼저 'P'할 것은 피하고 'R'릴 것은 알리는 모습이 무척 자연스럽게 받아들여진다. 오히려 기회가 왔을 때 우물쭈물 주저하는 사람은 겸손해보이기보단 무능력해 보이기까지 한다.

그런데 이처럼 자신 있는 PR을 하는 사람들이 많아진 만큼이나 단지 척하는 사람들도 많아졌다. 가진 척, 아는 척, 강한 척, 행복한 척, 아프지 않은 척 등등 자신의 연약한 부분을 감추기 위해 가면을 쓰는 것이다. 워낙 자신을 드러내는 게 익숙한 시대인 만큼 상대적으로 내 존재감이 남들에 비해 약해 보이는 게 싫고, 겉으로 드러나는 자신감이 경쟁력처럼 여겨지다 보니 순간적으로 나의 약점을 들키지 않으려 취하는 행동들이다.

얼마 전 시골 출신의 연예인이 TV에 나와 유독 외제차를 좋아하는 자신을 고백한 적이 있다. 그는 오래전부터 서울 사람들이 외제차를 타고 다니는 모습을 은연중에 동경해왔다고 말했다. 그래서 그런지 새 차를 사서 얼마간 타고 다니다가 더 마음에 드는 차가 눈에 띄면 곧바로 차를 바꾸게 되더라고 했다. 무의식중에 풍기는 시골스런 이미지를 만회하기 위해 자신도 모르게 '세련된 척'을 하고 있었다는 말이다.

연예인이다 보니 남들에게 보이는 모습이 그만큼 더 신경 쓰여 그랬다 생각할 수도 있지만, 사실 이런 '척' 가면은 연예인 같은 유명인사들만 쓰고 다니는 것은 아니다.

자녀들의 교육 문제로 만나게 된 학부모들 간에는 알 수 없는 신경전이 벌어져 '있는 척'을 해야 한다. 나보다 잘난 부하 직원들에게 밀리지 않으려면 근엄한 목소리와 주어진 권한을 총동원해 '힘 있는 척'이라도 해야 한다. 수준 높은 이성과 어울리고 싶으면 나 역시 '수준 있는 척'을 하느라 늘 위태롭다. 면접관 앞에서는 약간의 거짓

말이라도 보태서 '능력 있는 척'을 해야 한다. 이 모두가 자신이 실제 가지고 있는 것보다 더 많은 것을 보여주기 위해 쏟는 눈물겨운 노력들이다.

그런데 '척' 가면을 쓴 사람들이 한 가지 간과하는 게 있다. 바로 그들이 원하는 모습을 실제로 갖추고 있는 실력자들 앞에서는 자신의 숨겨진 정체가 발가벗겨져 훤히 드러난다는 것이다.

진짜로 돈이 많은 사람은 자신 앞에서 허세부리고 있는 그 사람의 누추함을 간파하고, 진짜로 아는 것이 많은 사람은 자신 앞에서 모르는 게 없는 것처럼 떠들어대는 사람의 무지를 간파한다. 수준 높은 대화 속에서 질문 하나 없이 고개를 끄덕이는 사람을 누군가는 알아보게 되어 있고, 아무리 콧대를 높이고 자신감 있는 척을 하더라도 내공 있는 사람에겐 그저 가소롭게 비칠 뿐이다. 이는 이제 막 걷기 시작한 아기가 아무리 보이지 않는 곳으로 숨바꼭질을 하려 해도 어른은 그 아기가 어디에 숨었는지 다 꿰뚫는 것과 비슷하다. 아기는 그 애쓰는 모습이 기특하고 예뻐 보이지만, 어른들 사이의 이런 모습은 그저 안쓰러울 따름이다.

인생은 두꺼운 '척' 가면을 쓰고 나를 소개하는 가장무도회가 아니다. 한 번 가면을 쓰는 것에 익숙해진 사람은 더 멋있고 화려한 가면을 고르느라 언제나 분주하다. 그런 가면을 써야 자신이 돋보이거니와 원하는 선택을 이끌어낼 수 있다고 믿기 때문이다. 하지만 그런 과정을 거쳐 선택을 받아도 머지않아 초라한 얼굴이 드러나고, 결국 그 다음부터는 정말 아무도 그 사람을 선택하지 않게 되는 함정에 빠지고 만다.

이에 반해 가면을 벗고 진짜 자신의 얼굴을 가지고 살아가는 사람은 피부관리도 하고 표정 연습도 하면서 그 민낯이 더 예뻐 보이도록 하는 데 온 정성을 기울인다. 이들은 자신이 선택받기 위해 무엇을 변화시켜야 하는지를 정확히 알고 있다. 이들은 선택을 받은 이후에 가면이 벗겨질까 불안해하지 않아도 되는 아름다운 얼굴의 소유자다.

생각해보라. 잘났든 못났든 모두 자기 얼굴을 드러내며 모인 파티에 혼자 예쁜 가면을 쓰고 등장하면 눈에 확 띄지 않겠는가. 오히려 자신의 진짜 얼굴을 가린 채 가짜 모습을 내밀고 있음이 극명하게 드러나는 것이다.

대지약우大智若愚라는 말이 있다. 제대로 갖춘 사람일수록 척하지 않으니 보기에는 어리석어 보인다는 뜻이다. 하지만 이런 사람들일수록 결정적인 순간에 그 가치가 드러날 수밖에 없다. 그때는 오히려 많은 사람의 선택을 이끌어내는 저력을 보여준다.

조금 부족해도 진짜 자신의 모습에서 나오는 당당함이 화려한 가면보다 아름답다.

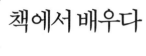

책에서 배우다

창피한 고백이지만 나는 어릴 때부터 책을 별로 좋아하지 않았다. 어려운 살림에도 청계천 중고책방을 찾아 백과사전과 위인전을 사오셨던 부모님의 바람과 달리, 동생과 함께 그 책들을 장난감 삼아 성벽을 쌓고 다리를 만들며 노느라 정신이 없었다. 그래서 가끔 백과사전에나 나오는 신기한 동물들의 이름을 다 외우고 세계지도 구석에서나 볼 법한 국가들의 이름을 읊어대는 또래 친구들을 보면 마냥 신기해했던 기억이 난다. 고등학교 때는 언어영역 준비를 위해 몇 편의 추천도서를 읽기도 했지만, 대학에 들어간 후로는 오히려 책과 담을 쌓고 사는 일상이 계속 이어졌다.

그러던 내가 본격적으로 책에 관심을 갖게 된 것은 서른이 훌쩍 넘어 직장생활을 하면서부터다. 일을 하며 돈을 벌어야 하니 새로운 지식들에 대한 필요성이 절박해졌고 무엇보다 처음 해보는 사회생활에서는 학교에서 배우지 않았던 것들에 대해 많이 알고 싶어졌기 때문이다. 그리고 그때 가장 손쉽게 만나 조언을 구할 수 있는 스승이 서점에 있다는 사실을 알게 되었다.

처음에는 금융이나 마케팅 같은 업무 관련 책들 위주로만 읽었는데, 시간이 갈수록 자아 성장에 대한 욕구가 커지면서 자기계발서와 유명인들의 성공집을 읽어가기 시작했다. 그러다 교육 담당자로 업무가 바뀌면서 심리학이나 커뮤니케이션처럼 관계를 성장시키는 데 도움이 될 만한 분야에 관심을 갖게 되었고, 그제야 독서의 즐거움을 깨달았다.

처음 회사를 나와 강사로 일어서기까지 꼬박 100여 일을 강의 준비에만 매달렸다. 그 100일간 강의를 구성하는 데 필요한 거의 모든 것을 나는 당시 쉼 없이 읽었던 100여 권의 책을 통해 얻을 수 있었다. 책 속에 들어 있던 놀라운 지식들이 나의 경험과 만나면서 새로운 영감을 주었고 마침내 당당히 대가를 받고 제공할 수 있는 나만의 콘텐츠가 탄생했다.

내가 만약 내 경험과 영감만을 믿고 책을 들춰보지 않았다면 요즘 사람들에게 필요한 이야기가 무엇인지, 내 이야기를 받쳐줄 탄탄한 이론들은 무엇인지 결코 알지 못했을 것이다. 실제로 그랬다면 껍데기만 있고 알맹이 없는 강의만 하다가 더 이상 선택받지 못하는 강사가 됐을 것이 뻔하다.

소위 '리더'라는 자리에 앉아 있는 사람들 중에는 한 달에 책 한

권 들여다보지 않는 사람들도 수두룩하다. 그들은 자신의 풍부한 경험만으로도 얼마든지 조직을 이끌 수 있다고 믿으며, 어린 후배들은 자신에게 배우기만 해야 할 존재로 여긴다. 책을 지혜의 통로로 여기지 않고 학교 다닐 때처럼 지식을 얻는 도구로만 이해하다 보니 시험 공부할 게 아니면 책을 들여다볼 필요를 못 느끼는 것이다. 당장 조직을 이끌어가는 데 필요한 거의 모든 지식은 이미 본인이 가지고 있다고 생각하여 굳이 책을 들여다볼 이유도 절감하지 못한다.

하지만 하나의 조직을 꾸려가는 데는 지난날의 경험뿐만 아니라 시대가 요구하는 새로운 지식 습득도 반드시 필요하다. 자신이 오래전 했던 일들과 지금의 일들이 내용과 수준 면에서 모두 다르고, 그 새로운 일들을 이해하며 감독하기 위해서는 젊은 직원들에게 스스럼없이 배울 줄도 알아야 한다.

무엇보다 일을 직접 수행하는 직원들 자체가 오래전 자신과는 많이 다를 것이기에 그들을 이해하고 코치하기 위한 공부가 끊임없이 더해져야 공감을 이끌어내며 선택받는 리더가 될 수 있다. 부하 직원들은 자신들이 책에서 읽은 리더십이나 창의력 같은 분야를 업무 환경에 적용하고 싶어 하는데, 실제 업무 현장에서 그런 것들을 기대할 수 없다면 자연스럽게 현재의 자리에서는 더 이상 배울 것이 없다고 생각한다. 요즘 젊은 사람들은 그저 월급만 받기 위해 회사 생활을 하는 것이 아니기 때문이다.

그래서 조직이 좀 더 역동적이고 능동적으로 살아 움직이려면 과거의 소중했던 경험들에 현재의 새로운 지식들을 융합시켜 지속적으로 창조적인 지혜가 나올 수 있도록 만들어야 한다.

물론 젊은 직원들도 크게 다를 것은 없다. 취업전선에서 선택받기 위해 밤새워 책장을 넘겼으면서도, 정작 회사에 들어가서는 일 핑계, 술 핑계로 자신을 성장시키는 일에 소홀하다. 자신들의 무능력한 리더들처럼 '경험'만 쌓아갈 뿐 정작 필요한 지혜가 무엇인지도 모른 채 다음 선택을 위한 준비를 제쳐두는 것이다. 하루하루 바쁘게 땀 흘리며 살아가다 보니 제대로 사는 것 같아 보이지만, 시간이 지나 윗자리에 올라가게 되면 존경받는 리더십 발휘는커녕 자신들이 젊었을 때 흉보던 리더처럼 고집불통에 윽박지르기만 하는 잔소리꾼이 되는 것이다. 자기가 평생 써온 바이블만을 펼쳐 보이면서 말이다.

배우지 않으면 늙을 수밖에 없다. 나이가 들어 늙는 것이 아니라 젊은 지혜가 느껴지지 않으니 늙는 것이다. 그 배움을 얻는 가장 쉬운 방법이 바로 독서다. 우리가 손에서 책을 놓지 말아야 하는 이유는 꼭 무언가를 배우고 기억하기 위해서가 아니라 늘 깨어 있기 위함이다. 사람은 생각보다 쉽게 잠들며 쉽게 흔들리는 존재이기에 그때마다 나를 자극하고 일으켜 세워줄 스승이 필요하다. 우리는 그 스승이 있어 평생을 젊게 살아갈 수 있는 것이다.

솔직히 고백하건대, 나도 아직까지는 책을 아주 많이 그리고 폭넓게 읽어내지는 못한다. 하지만 서점과 친해지고 관심을 끄는 분야의 책들부터 사다가 메모하며 읽어 내려가다 보면 내가 미처 몰랐던 삶의 지혜들을 만날 수 있다. 더 넓은 세상과 소통하고, 발전된 시대가 주는 기쁨을 만끽하며, 젊은이들에게 존경받는 어른이 되어가는 중이다. 시간이 지나서도 계속 찾게 되는 그런 사람이 되는 중이다.

보이지 않는 답을 찾아라

첫번째펭귄의 선택 54
우리 인생은 알 수 없는 질문들로 가득 차 있으며 세상은 바로 그런 문제를 잘 풀어내는 사람에게 더 많은 기회를 준다. 이것이 끊임없이 배우고 공부해야 하는 이유다.

나는 '답이 정해져 있는 공부'에 무척 약하다. 웬만큼 동기부여가 되지 않으면 이미 존재하는 답을 선택하는 과정에 흥미를 느끼지 못하기에 종종 그런 문제를 풀라치면 집중력도 많이 떨어지는 편이다.

학교 다닐 때도 남들보다 책상에 앉아 있었던 시간이 부족하진 않았던 것 같은데 성적은 만날 고만고만했던 걸 보면, 확실히 공부하는 요령이 없거나 집중력이 떨어지거나 아니면 진짜 머리가 나쁜 것이거나 분명 셋 중 하나일 것이다.

이렇다 보니 본의 아니게 각종 시험에 취약한 캐릭터가 되고 말았다. 대학입시에서도 수능시험을 죽 쑤어 원하던 학교에 가지 못하고 후기대에 겨우 들어갔다. 공대생이었음에도 불구하고 단 하나의 답만 인정되는 수학과 과학 시험은 언제나 내 전체 성적을 갉아먹는 주범이었다. 취업 준비를 하며 숱하게 치렀던 토익시험에서도 별다른 재미를 못 봤고, 직장생활을 하며 도전했던 각종 자격증 시험들마다 낙방과 중도 포기를 반복했다. 준비하는 과정 자체가 그리 야무지지 않다 보니 결과도 당연히 나쁠 수밖에 없었던 것이다.

대신 나는 '정해진 답이 없는 문제'에는 좀 강한 편이다. 학창 시절에도 논술, 음악, 미술 등의 실기 점수만큼은 언제나 최상위권을 유지했다. 친구들의 고민을 들어주며 함께 해결책을 찾아가는 '인생 풀이' 과정이 내겐 언제나 흥미로웠다.

특히 이런 성향은 사회생활을 하면서 더욱 분명히 나타났는데, 첫 직장에서 영업을 하며 고객들의 문제점을 나누고 솔루션을 제안하는 과정이 내게는 생각보다 즐거웠다. 이 같은 강점들은 훗날 내가 교육 담당자의 길을 걷게 되었을 때 좀 더 창의적이고 좋은 강의를 만들어내려는 의지와 만나 나만의 정체성Identity으로 승화되었다.

그러면서 깨달았다. 우리가 인생을 살아가는 동안 만나는 대부분의 문제는 이처럼 정해진 답이 없는 아리송한 질문들이라는 사실을 말이다. 까다로운 직장 상사와는 어떻게 좋은 관계를 유지해 나아갈지, 무엇 때문에 화가 나 있는지도 모르는 연인과는 어떻게 하면 회복될 수 있는지, 내가 진짜 하고 싶은 일은 무엇이고 어떤 직업을 선택해야 하는지 등등 우리 앞에 놓인 수많은 삶의 문제가 별도의 정답을 제공하지 않는다는 사실을 깨달은 것이다.

어쩌다 답을 찾아가는 과정 속에서 부모님이나 멘토가 도움을 줄 수 있을지는 몰라도 그들 역시 확실한 정답이라 단정할 수 없는 조언을 해줄 뿐, 결국 내 인생의 시험지는 내가 직접 풀어야 하는 것이다. 정해져 있지 않은 답을 찾아서 말이다.

'행복은 성적순이 아니다'라는 표현이 진부함에도 불구하고 설득력 있게 보이는 이유는, 학창 시절의 성적은 대체로 정해진 답을 풀어내는 과정을 통해 얻은 결과물이지만 인생의 행복을 좌우하는 대부분의 문제는 보이지 않는 정답을 찾아내야 한다는 차이가 있기 때문이다. 이는 곧 문제를 푸는 데서 서로 다른 차원의 재능과 노력이 필요하다는 뜻이고, 각각의 경우에 돋보이는 사람이 다를 수 있음을 의미한다. 사회에서 필요로 하고 꾸준히 선택받는 사람들은 또 다른 기준으로 눈에 띄더라는 얘기다.

그래서 학교 다닐 때 공부를 잘한 사람이 사회생활의 문제를 원활히 풀어내지 못해 어려움을 겪기도 하고, 공부에 담 쌓고 살던 친구가 정작 졸업 후 마주치는 인생의 문제들은 술술 잘도 풀어내며 승승장구하기도 하는 것이다.

중요한 것은 우리의 인생이 이처럼 있는 정답을 풀어내는 시기보다 없는 정답을 발견해 나아가야 하는 시기가 훨씬 더 길다는 점이다. 다시 말해 인생을 풀어가는 지혜를 제대로 공부해두지 않으면 평생 잘못 풀어버린 인생의 시험지 때문에 마음고생하며 살아갈 수도 있다는 얘기다.

이것이 개인적인 문제에 국한된다면 그나마 다행이겠지만, 조직이나 국가의 중요한 역할을 감당하는 사람이 이런 문제에 약한 모습을 보인다면 그만큼 신임을 얻기도 힘들 것이다. 그가 어떻게 문제를 푸느냐에 따라 커다란 배의 향방도 바뀔 수 있기 때문이다.

그래서 옆 친구와 똑같은 지식을 배우며 자랐던 스무 살까지는 '어떻게 공부하는지'가 중요했지만, 그 이후부터는 '무엇을 공부하는지'에 따라 인생의 격차가 벌어진다. 사람을 통해, 책을 통해, 경험을 통해 우리의 배움이 끊임없이 이어져야 하는 이유다. 일찌감치 그 공부가 잘되어 있는 사람은 남들은 볼 수 없는 답을 볼 것이고, 그 답을 손에 들고 있으니 더 많은 선택을 받게 될 것은 분명하다. 어느 광고에서처럼 내가 나 자신의 멘토가 되어 또 다른 선택들을 이끌어내는 것이다.

콘텐츠는 있다

첫번째펭귄의 선택 55
남다른 콘텐츠는 남다른 선택을 끌어낸다. 콘텐츠를 만들지 못해 아쉬워하기에
앞서 이미 자신에게 있는 콘텐츠를 발견하고 정리해가는 데 더 많은 노력을 기울
여야 한다.

회사 사람들과 함께 워크숍을 다녀왔다. 직원이 총 서른 명쯤 되
었는데, 서로 게임을 해서 이긴 열다섯 명은 비행기를 타고 해외로,
게임에서 진 나머지 열다섯 명은 버스를 타고 국내로 다녀오는 조금
특이한 워크숍이었다.

다행히 난 게임에서 이겨 해외파의 주인공이 될 수 있었는데 이해
할 수 없었던 건 그 먼 데까지 가서 밥 한 끼만 먹고 돌아오는 일정
이었다는 거다. 결국 아침에 출발해서 그날 날이 어두워지기 전에
다시 서울에 도착했다. 동료들과 함께 대체 이런 워크숍이 어디 있
냐며 실컷 투덜대던 순간, 1월의 차가운 아침 공기가 내 코끝을 자
극하며 눈을 뜨게 만들었다.

그렇다. 정확히 오늘 아침에 일어나기 직전 꾸었던 말도 안 되는 꿈 이야기다.

나는 유독 잠을 잘 때 꿈을 많이 꾸는 편이다. 숙면을 못 취해서 꿈을 꾼다는 얘기도 있고 생각이 많아 꿈을 잘 꾼다는 얘기도 있지만, 어쨌든 난 꿈 덕분에 남들보다 즐거운 경험을 더 많이 하며 살아가는 듯싶다.

그런데 이처럼 꿈을 많이 꾸다 보니 언제부턴가 한 가지 아쉬운 점이 생겼다. 잠잘 때마다 꾸게 되는 이런 꿈들을 혹시 영상으로 기록해둘 수 있다면 참 좋겠는데, 그게 불가능하다는 것이었다. 그럴 수만 있다면 그 자체가 나만의 훌륭한 콘텐츠가 되어 또 다른 영역을 창조할 수도 있을 텐데 하는 조금은 엉뚱한 생각을 했다. 그도 그럴 것이 아무리 흥미롭고 기발한 꿈이라도 잠에서 깨면 그 느낌만 살아 있을 뿐 내용은 하나도 떠오르지 않는 경우가 많다 보니 못내 아쉬웠기 때문이다.

나는 확신한다. 그리 멀지 않은 미래에 우리가 수면 중에 꾼 꿈을 영상으로 완벽하게 기록할 수 있는 '드림 리코더'가 개발되리라는 것을 말이다. 드림 리코더가 세상에 나오면 지금의 유튜브 같은 공간을 통해 개인의 꿈을 공유하고, 그 꿈에 대해 전 세계 사람들과 이야기를 나누며 랭킹을 매기거나 댓글을 다는 일들이 벌어질 것이다. 반응이 좋은 꿈들은 영화나 소설의 모티브가 되어 전문가의 손을 거친 후 값비싼 문화 콘텐츠가 될 수도 있다. 단지 잠만 잤는데 자신만의 값나가는 콘텐츠가 생산되는 것이다.

하지만 이런 상상 속 드림 리코더가 없더라도 우린 이미 자신만의 콘텐츠들을 수없이 가지고 있다. 나처럼 꿈에 관심이 많은 사람은 꼭 드림 리코더의 힘을 빌리지 않더라도 아예 자신이 기억해낼 수 있는 꿈들을 이용해 책을 쓸 수도 있고 블로그에 남겨 많은 사람과 공유할 수도 있다.

나야 비교적 젊은 나이에 강사의 길을 선택했지만, 50이 넘어 뒤늦게 강의를 하러 다니는 사람들을 보면 대체로 자신이 살아온 경험을 그대로 교육 콘텐츠에 녹이는 경우가 많다. 직장에서 임원생활을 오래한 사람들은 리더십이나 경영철학에 대한 강의를 하고, 의사나 교사처럼 전문직에 종사했던 사람들은 자신만의 개성을 살린 콘텐츠를 만들어 일반인에게 제공한다. 물론 요즘은 20대 젊은 작가와 강사 그리고 영화감독들도 많아졌으니, 꼭 인생을 오래 살아야만 그럴듯한 콘텐츠가 생성되는 것은 아닌 듯싶다. 앞으로는 나이나 경험과 무관하게 자신이 가진 콘텐츠들을 얼마나 짜임새 있게 정리하고 재구성하여 가치 있는 상품으로 만들어낼 수 있느냐가 관건이 될 것이다. 그 콘텐츠가 곧 새로운 선택을 이끌어내는 매개체가 되는 것이다.

콘텐츠가 중요하다는 것은 아는데 정작 자신의 손에 잡히는 콘텐츠가 없어 고민하는 사람들도 많다. 하지만 이미 누구에게나 콘텐츠는 있다. 그것도 아주 훌륭한 콘텐츠들 말이다.

지금 당신이 손에 들고 있는 휴대전화 안에도 꽤 많은 사진들이 저장되어 있을 것이고, 나처럼 글 쓰는 걸 좋아하는 사람은 각종 SNS에 자기 생각들이 차곡차곡 쌓여가고 있을 것이다. 한참 육아에 관심이 많은 주부는 자신의 경험담을 블로그 등에 올려 비슷한 상황에 있는 사람들과 소소한 일상을 공유하며, 꼼꼼하게 다이어리를 써 내려가는 사람 역시 매년 자신만의 흔적들을 어딘가에 남기고 있을 것이다. 직장인이라면 회사에서 일 때문에 만들어둔 제안서나 PPT 자료 그리고 업무일지 등이 자신을 나타내주는 좋은 포트폴리오가 될 것이다.

이러한 콘텐츠는 일단 정리되어 눈앞에 보일 수 있어야 그 가치가 빛을 발한다. 하다못해 자기 스스로도 손에 잡히는 무언가가 있어야 콘텐츠의 정체와 수준을 파악하고 그것을 사용할 수 있는 것이다. 콘텐츠가 생명력을 가지고 좀 더 의미 있는 방향으로 영향력을 미치도록 하기 위해서는 언제나 그것을 밖으로 끌어내어 기록해놓는 과정이 필요하다. 내 안에 어떤 콘텐츠가 있는지 구체적으로 알 수 없다는 사람들은 바로 이런 과정이 없기 때문이다.

2011년 11월, 유튜브에는 '57초 만에 2억 벌기'라는 동영상이 올라와 큰 화제가 된 적이 있다. 단지 두 어린 아들이 장난치며 놀고 있는 극히 평범한 동영상이었지만, 무려 3억 6천만 명이라는 놀라운 조회수를 기록하며 그에 따라 광고수익을 배분받는 파트너십제도에 의해 게시자에게 엄청난 경제적 이득을 가져다준 것이다. 얼굴도 모르는 지구촌 사람들의 선택을 받아 돈까지 번 경우다.

이미 말했다시피 나 역시도 지난 2년간 페이스북에 올려둔 글들 중에서 특히 많은 사람의 관심과 공감을 끌어냈던 것들을 이 책의 상당 부분에 접목했으니, 나만의 콘텐츠를 모아 미리 정리해두는 일이 얼마나 중요한지를 새삼 느낀다.

분명 앞으로는 지금보다도 훨씬 더 개인 콘텐츠가 각광받을 것이다. 소수의 전문가들에 의해 계획적으로 만들어진 뻔한 이야기보다는, 나와 다른 누군가의 삶이 만들어낸 '진짜 이야기'에 사람들이 더 공감하고 환호할 것이다. 따라서 콘텐츠 소비자에서 콘텐츠 생산자로 당당히 거듭나기 위해서는 평소 조금씩 내 이야기들을 끄집어내어 일단 모아두는 일을 시작해야 한다. 그 콘텐츠가 언제 어떤 방식으로 빛을 볼지는 아무도 모를 일이기 때문이다.

회사 업무의 결과물은 회사 소유가 되겠지만, 그 결과를 이끌어낸 경험은 고스란히 당사자의 몫이다. 그런 경험을 그때마다 정리해두는 사람과 그렇지 않은 사람은 훗날 콘텐츠의 생산량 자체에서 차이가 날 수밖에 없다. 이런 준비들을 해놓지 않으면 주변 사람들이 모두 저작권이 주는 보너스로 먹고살 때, 나만 홀로 비싼 사용료를 내며 배 아파할 날이 올지도 모른다.

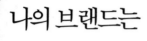

나의 브랜드는

첫번째펭귄의 선택 56
나만의 강력한 이름을 가진 사람은 그 누구보다도 오래갈 수 있다. 브랜드는 나와
다른 사람을 구분지어 가장 먼저 떠오르게 만드는 핵심 역할을 한다.

처음 '첫번째펭귄'이라는 브랜드를 사용하기로 했을 때 내가 가장
많이 받았던 질문은 단연 "첫번째펭귄이 무슨 뜻이냐?"는 것이었
다. 하지만 이 질문은 엄밀히 말해 조금 엇나간 면이 있다. 이럴 때
는 첫번째펭귄이 무슨 뜻인지를 물어보는 게 아니라 '왜 그 이름을
사용했는지?'를 물어보는 게 질문자의 궁금증을 풀어내는 데도 훨
씬 도움이 된다. 그런 식으로 물어봐야 브랜드에 숨겨진 내 철학과
강의의 방향성을 들을 수 있으며, '주도적으로 자기 인생을 선택하
고 지혜로운 도전을 이어가는 존재'라는 답변을 받아든 질문자가 이
브랜드를 어렴풋이나마 이해할 수 있는 것이다. 어쨌든 나는 지금
내가 사용 중인 브랜드와 그 브랜드 안에 담긴 의미를 진심으로 사

랑한다.

다가오는 미래에는 개인의 브랜드가 그 어느 때보다도 중요해질 것이다. 이는 비단 나처럼 사업을 목적으로 활동하는 사람들뿐만 아니라 회사 안에서 업무를 수행하고 있는 평범한 직장인과 취업을 앞둔 사람에게조차 성공을 위해서는 꼭 필요한 차별화된 필수 능력이다. 자신을 먼저 제대로 팔지 못하면 자신이 가진 그 어떤 능력도 선택받을 수 없는 세상이기 때문이다.

그렇다면 어떻게 해야 나만의 개성을 살리면서도 힘 있는 브랜드를 만들어갈 수 있을까?

아래의 세 단계가 그 힌트를 줄 것이다.

첫 번째 단계는 내가 가지고 있는 '재료'를 정확하게 파악하는 것이다.

그것이 능력이라면 대체 어떤 능력을 가지고 있고 그 능력이 세상에 어떤 의미를 줄 수 있는지 구체적으로 정리해봐야 한다. 굳이 능력이 아니더라도 남들보다 돈이 많다면 그 자체가 나의 브랜드를 만드는 좋은 소스가 될 수 있다. 넓은 인맥을 가지고 있다든지 착하고 성실해서 어디 가서든 신뢰를 줄 수 있다는 것 등도 모두 나를 나타내 보일 수 있는 좋은 '재료'가 된다.

나의 경우, 평범한 학벌과 평범한 외모를 지녔지만 사회생활을 하며 키워온 창의적 사고력과 끊임없는 도전정신이 첫번째펭귄이라는 브랜드를 떠올리는 데 많은 영감을 주었다. 단순히 강의나 책 쓰기만을 위한 이름이 아니라 앞으로의 내 모든 활동 영역에 힘을 실어주는 멋진 브랜드로 성장할 것으로 믿는다.

두 번째 단계는 정체성을 분명히 하는 것이다.

첫 번째 단계에서 찾아낸 나만의 '재료'들을 다른 사람들이 오감을 통해 구별하고 확인할 수 있게 표현해주는 것이 바로 정체성의 역할이다.

코카콜라가 콜라병 디자이너에게 요구했던 것은 단 한 가지였다.

"그 병이 깨져 박살이 나도 이것이 코카콜라 병이라는 사실을 모두가 알 수 있어야 합니다!"

수많은 스마트폰 속에서도 애플의 아이폰이 쉽게 눈에 들어오는 것 또한 그 제품만이 가진 분명한 정체성 때문이다.

이처럼 정체성이란 남들이 나를 다른 사람들과 확실히 구분할 수 있게 해주는 구체적인 잣대다. 개그맨 전유성이나 가수 배철수처럼 목소리만 들어도 누군지 금세 알 수 있다면 목소리가 바로 그 사람의 정체성이 되는 것이다. '독도는 한국땅'이라고 말하는 일본인 교수가 있다면 그런 신념이 그 교수를 떠올리게 해주는 정체성이 되는 것이다. 직장에서 상사가 보고서 한 장만 봐도 어느 직원이 만든 것인지 금세 알아차린다면 그 직원의 정체성은 남다른 보고서가 되는 것이다. 남들이 생각지도 못한 아이디어를 자주 제시하는 사람이 있다면 그에겐 남들에게 없는 창의력이 자신만의 정체성이다. 이처럼 정체성은 집단에서 개인을 돋보이게 만드는 그 사람만의 독특한 색깔이 된다.

나의 정체성은 '선택'이라는 콘텐츠와 열정적인 강의 그리고 그 강의를 위해 직접 제작하는 깔끔한 교안들을 꼽을 수 있다. 선택이라는 주제는 모두가 늘 고민하는 분야인데, 강의를 통해 그것을 집중적으로 풀어내는 사람이 아직까진 거의 없기 때문이다. 또한 주어진 시간 동안 내가 가진 모든 것을 쏟아내려는 열정이 청중에게 늘 좋은 반응을 끌어내고 있으며, 카피Copy 된 자료를 많이 사용하는 평범한 강사들에 비해 첫번째펭귄만의 분위기가 느껴지는 교안을 직접 만들어 사용하고 있다는 점도 현장에서 나를 부각시키는 좋은 정체성이 되고 있다.

세 번째 단계는 적극적으로 파는 것이다.

노골적으로 선택을 유도하라는 뜻이다. 아무리 내가 차별화된 능력을 가지고 있고 뚜렷한 정체성을 가지고 있을지라도 사람들의 선택을 받지 못하면 의미 없는 브랜드가 된다. 브랜드라는 것은 자고로 팔려 나갔을 때 가치가 인정된다.

이를 위해선 다양한 채널을 통해 부지런히 자신의 브랜드를 알려가야 한다. 직장인이라면 자신만이 해낼 수 있는 업무 능력을 개발하여 사람들을 길들여야 한다. 취업을 준비하는 사람은 다양한 외부 활동과 블로깅 등을 병행하며 세상에 이런 잘난 사람도 있다는 것을 소문내야 한다. 혼자 일하는 사람도 규모가 작다고 브랜드를 우습게 여길 것이 아니라 통일된 마케팅전략과 정체성관리를 통해 비즈니스 파트너들이 쉽게 떠올릴 수 있는 브랜드가 되도록 신경 써야 한다.

내가 바쁜 강의 일정 속에서도 이처럼 어렵게 책을 선보이는 이유 역시 '첫번째펭귄'이라는 브랜드를 통해 선택의 기로에 서 있는 많은 사람과 그 고민을 함께 공유하고 싶었기 때문이다.

앞으로는 확고한 브랜드 하나가 그 사람만의 커다란 자산이 될 것이 분명하다. 그러나 강력한 브랜드를 만들고 키워나가는 데는 꽤 많은 시간이 걸리므로, 나중에 더 멋진 위치에서 단번에 그럴듯한 브랜드를 만들겠다는 생각보다는 현재 내 자리에서 만들 수 있는 최고의 브랜드를 찾아내어 천천히 확장시키는 것이 바람직해 보인다.

원래 가지고 있던 하나의 이름만으로는 두 개, 세 개 이름을 가진 사람들을 상대하기에 벅찬 시대가 서서히 다가오고 있다.

- A사 입사를 위한 취업 준비를 하기로 선택했다. 그리고 지금은 A사의 선택을 받기 위해 취업 준비를 하고 있는 중이다.
- B를 내 평생의 여자로 삼기를 선택했다. 그리고 지금은 B의 선택을 받기 위해 공을 들이는 중이다.
- C학교의 MBA 과정을 이수하기로 선택했다. 그리고 지금은 C학교의 선택을 받기 위한 준비를 하고 있는 중이다.

"선택받기를 선택했다. 그리고 이제 그 선택을 기다릴

뿐이다."

이것이 바로 선택이 가진 양면성이다. 선택에 대한 이 야기를 하고 그것을 훈련할 때 어느 한쪽, 즉 '선택을 하는 것'과 '선택을 받는 것' 둘 중 하나만 따로 떼어놓고 생각할 수 없는 이유가 바로 여기에 있다. 우리는 끊임없이 선택하고 동시에 끊임없이 선택을 기다리며 살고 있기 때문이다.

조직에서 용의 머리가 되겠다는 목표를 선택했다면 그 용으로부터 선택받을 수 있도록 노력해야 하고, 나처럼 사업을 하기로 선택했다면 고객들로부터 선택받기 위해 최선을 다해야 한다. 다른 직장의 선택을 받아 스카우트 제의가 들어오더라도 이직을 할 것인지 말 것인지에 대한 본인의 선택이 남아 있고, 지지자들의 선택을 받아 정치를 권유받더라도 실제 정치를 하고 안 하고는 본인 선택의 몫이다. 행복을 선택한다는 것 역시 얼핏 보면 나의 일방적인 선택처럼 보이지만, 세상에 누구로부터도 선택받지 못하고도 행복할 수 있는 사람은 아무도 없다.

그래서 우리가 조우하는 대부분의 선택은 이 두 가지 지혜를 함께 필요로 한다. 무엇을 선택할 것인지, 그리고 어떻게 선택받을 것인지……

약 8개월 전쯤이었던 것 같다. 내가 책을 쓰기로 선택한 것 말이다.

한동안 바쁜 강의 일정을 핑계로 의미 없는 글들만 쓰고 지우기를 반복하며 지난한 집필 작업이 이어졌다. 선택과 관련해 써보고 싶은 주제도 많았고 실제로 몇 장씩 생각을 옮겨보기도 했지만 그때마다 알 수 없는 장벽에 부딪혀 책다운 책을 써내려갈 수 없었다. 그렇게 2012년 연말이 되어 다시 한 번 곰곰이 생각해보는 시간을 가졌다. 든든한 콘텐츠들이 있는데 왜 이렇게 수개월간 진도를 못 나가고 있는지, 나 스스로에게 자문하지 않을 수 없었던 것이다.

'대체 뭐가 문제일까?'

그렇게 며칠을 고민하던 사이 나는 또 다른 숙제를 하나 끌어안고 새해를 준비했다. 프로 강사로서 나름대로 의미 있는 첫해를 보내고 나니 콘텐츠를 조금만 더 정비하면 지금보다 다양한 사람들과 선택의 지혜를 나눌 수 있으리라는 가능성을 보게 된 것이다. 특히 나와 비슷한 또래의 많은 사람이 선택의 문제를 앞두고 치열하게 씨름 중이라는 사실을 알게 되면서 미약하나마 내 손에 쥐고 있는 선택의 노하우를 그들과 공유하고 싶어졌다.

바로 그 순간이었다. 주차 경비실의 스티브 잡스를 만났을 때와 같은 짜릿함을 느낀 것이…….

'아, 맞다! 왜 그 생각을 하지 못했지?'

새로운 강의전략에 대해 고민하던 중 뜻하지 않게 집필에 대한 아이디어가 떠오른 것이다.

그동안 내가 쓰려고 했던 책은 나를 소개하기 위한 목적이 컸다. 아무래도 밖으로 나온 지 얼마 안 된 젊은 강사이다 보니 이름부터 빨리 알려야겠다는 욕심이 앞섰던 것이다. 그런 마음으로 쓰기 시작했으니, 내가 가진 콘텐츠를 화려하게 포장하여 멋지게 빛나게끔 하는 것이 가장 중요해 보였다. 전문적이면서도 복잡한 개념들을 많이 옮겨와야 나도 그만큼 높은 수준의 전문가로 인정받는 줄 착각하고 있었던 것이다. 그러다 보니 쓰면 쓸수록 내 것이 아닌 다른 사람들의 지식에 관심이 가게 되고 두꺼운 전공 서적들만을 들춰보며 어렵게 책을 써내려가게 된 것이다.

선택받기 위한 책만 생각하고 있었을 뿐, 내가 처음 강사의 길을 선택했을 때의 꿈에 대해선 까맣게 잊고 있었던 것이다. 빨리 탈고해야겠다는 목표만 두고 있었지 그 작업에 내 꿈을 싣고 있지는 않았다는 얘기다. 집필이 단지 목표이기만 했을 때는 그 안에 그럴싸한 콘텐츠를 담아 책으로 만들어낼 수만 있으면 된다고 생각했다. 거기까지만 해도 책을 한 번도 써보지 않은 나에겐 그저 놀랍고 신기한 일일 테니 말이다.

하지만 첫번째펭귄을 통해 사람을 일으켜 세우고 사람을 키워가고자 했던 처음의 꿈을 떠올리자 새로운 강의설계는 물론이고 수개월을 묵혀두었던 책 쓰기 역시 길이 보이기 시작했다. 그러고는 나 스스로의 만족을 위한 두껍고 어려운 책이 아닌, 실제로 선택의 기로에서 이 책을 읽을 누군가를 위해 살아 있는 책을 써야겠다는 생각에 이르렀다.

그렇게 해서 다시 처음부터 시작했다. 우리의 행복한 인생을 위해 무엇을 선택하며 살아가야 할지, 그리고 어떻게 하면 우리가 원하는 선택을 이끌어낼 수 있을지에 대한 질문에서부터 다시 글을 쓰기 시작한 것이다. 그렇게 꿈이 있는 방향을 정확히 바라보게 되자, 반년이 지나도록 완성하지 못했던 원고를 불과 한 달도 안 되어 탈고할 수 있었다.

본문에서도 말했듯이 나는 사내 강사 시절을 포함한 지난 수년간 줄곧 '선택'에 대한 이야기를 해오고 있다. 처음에는 단순히 고객들의 마음을 끌어당기기 위한 협소한 의미의 선택만을 다뤘지만, 지금은 우리 삶을 지배하고 있는 더욱 폭넓은 종류의 선택들을 연구하며 나의 바다를 헤엄치고 있는 중이다. 아마도 이 여정은 내가 평생을 살아가는 동안 쉽게 끝나지 않을 것임이 분명하다. 나 또한 앞으로 내게 주어지는 더 많은 선택의 순간들을 넘어가며 끊임없이 새로운 깨달음을 얻게 될 것이기 때문이다.

거듭 말하지만 첫번째펭귄은 자신의 인생을 주도적으로 선택하고 현명한 도전을 이어가는 존재다. 내 인생의 선택권을 다른 존재에게 함부로 넘기지 않으며 단지 들뜬 마음만으로 위험한 바다에 뛰어들지도 않는다. 무엇보다 첫번째펭귄은 혼자 살기 위한 선택을 하지도 않으며 망설이기만 하는 다른 펭귄들의 행동까지 이끌어내는 진정한 리더의 모습을 보여준다. 기꺼이 함께 살아가기를 선택한 첫번째펭귄은 그래서 나의 성공과 나의 꿈만을 바라보는 지금의 우리에게 무거운 숙제마저 던져주는 스승이기도 하다.

『첫번째펭귄의 선택』을 써 내려가며 내 과거의 선택들까지 돌아볼 수 있었던 것은 커다란 행운이고 축복이었다. 선택의 순간부터 지금까지의 '시간'을 평가하며 과연 나는 언제나 '살리는 선택'만을 해왔던가를 반성하는 다소 불편한 계기가 되기도 했다. 나에게도 아쉬운 선택들이 많았고 지금이라도 당장 달려가 바꿔놓고 싶은 선택들도 보였지만, 나는 기꺼이 선택하기로 했다. 과거에게 더 이상 먹이를 주지 않기로 말이다. 그리고 이 책을 쓰기로 선택했던 것처럼 나는 내일 만나게 될 또 다른 선택들만을 기대하며 준비해갈 것이다.

이번 겨울엔 유독 눈이 많이 내렸다. 창밖을 여니 오늘도 사위四圍가 눈으로 가득하다. 비록 아쉽게도 진짜 펭귄은 보이질 않지만, 나는 이제 아무도 밟지 않은 저 하얀 눈길 위에 서서 함께 바다를 향해 나아갈 이 땅의 또 다른 첫번째 펭귄들을 응원하며 그 선택을 기다려보고자 한다.

여전히 부끄럽게만 보이는 이 한 권의 책이 당신의 선택에 모든 해답을 줄 수는 없겠지만, 앞으로 당신이 행복한 선택들을 주고받는 데 작은 이정표가 될 수 있다면 나는 그것으로 여한이 없다.

나도 이쯤에서 내 특별했던 선택의 여정 하나를 마무리할까 한다. 또 다른 꿈의 정상에서 당신과 마주치기를 기대하며……

Choose your life!